Wir reisen, um das Glück zu finden. Bereits in der Schlange am Flughafen befallen uns Zweifel. Müssen all diese Leute mit? Das Urlaubsland selbst leuchtet nicht halb so farbenfroh wie im Katalog, zumal wir die Kontaktlinsen vergessen haben. Die Ferienwohnung scheint extrem preisbewusst eingerichtet, das Hotel liegt am Autobahnring. Mit rätselhaften Wegbeschreibungen verirren wir uns auf der Suche nach Kirchen, Schlössern und Museen, um kulturelles Interesse vorzutäuschen. Auf Studienfahrten sitzen wir die Zeit in Restaurants ab, in denen der Reiseleiter Provision einstreicht. Stets haben wir das Gefühl, das Beste zu verpassen. Erst wenn wir erschöpft nach Hause zurückkehren, wissen wir, was wir wollten und nun brauchen: Urlaub.

Dietmar Bittrich lebt in Hamburg. Er erfand das Gummibärchen-Orakel und schrieb heitere Bücher u.a. über das Schlafen (*Gute Nacht! Mit deutscher Dichtung in den Tiefschlaf*), das Jungbleiben (*Altersglück*) und über den Ökowahn (*Plastik kommt mir nicht in die Tüte*). Bittrich erhielt den Hamburger Satirikerpreis. Er liebt die Natur, solange sie ihm nicht zu nahe kommt, und betet täglich zum Gott der Mülltrennung.

Dietmar Bittrich

Urlaubsreif

Wie man verreist –
und trotzdem glücklich wird

Atlantik

Dank an meine Eltern

Atlantik Bücher erscheinen im
Hoffmann und Campe Verlag, Hamburg.

1. Auflage 2016

www.hoca.de *www.atlantik-verlag.de*
Umschlaggestaltung: Dana Mayer © Hoffmann und Campe Verlag
Umschlagabbildung: Lissoff Works/shutterstock
Satz: Dörlemann Satz, Lemförde
Druck und Bindung: C. H. Beck, Nördlingen
Printed in Germany
ISBN 978-3-455-37822-1

HOFFMANN
UND CAMPE

Ein Unternehmen der
GANSKE VERLAGSGRUPPE

Inhalt

Komisch, wir haben immer Glück

Der edelste Grund des Reisens ist es, den Neid der anderen zu erwecken. Sie sollen glauben, dass wir glücklich waren, während sie im Regen saßen. Sie haben sich über Hotel, Organisation, Wetter geärgert und formulieren gerade einen Beschwerdebrief. Wir hingegen haben das Paradies erlebt. Sie sind gerädert. Unsere Erholung wird noch Jahre vorhalten. Zwar war unsere Fahrt durch den öden Mittelwesten sterbenslangweilig. Aber nun kommen wir ins Schwärmen: »Diese unglaubliche Weite! Man wird innerlich ganz still!« Gewiss, im Süden brannte die Sonne so feindlich und unbarmherzig, dass wir nicht barfuß laufen konnten. »Aber diese südliche Sonne«, jubeln wir jetzt, »dieses unvergleichliche Licht!« Im Norden ließ uns die Kälte das Haar ausfallen: »Diese Klarheit! So etwas gibt es hier gar nicht!« Und wenn der Sturm uns unbarmherzig gepeitscht hat, frohlocken wir: »Herrlich, sich mal so richtig durchblasen zu lassen!«

Egal, was wir erlebt haben, es war wieder mal perfekt für uns gemacht. So berichten wir es jedenfalls unseren schluckenden Zuhörern. »Wir wissen selbst nicht, warum wir immer so viel Glück haben.« Die Luft war lau. Die Berge schimmerten. Das Wasser hatte die perfekte Temperatur. Vom Rummel war nichts mehr zu merken, nirgends Warteschlangen, keine besetzten Tische. Strand und Pool hatten wir praktisch für uns allein. Wo immer wir auftauchten, war man glücklich, uns zu sehen. Im Hotel wurden wir per Upgrading in die Präsidentensuite umgebucht. Wir können es uns selbst nicht erklären, »vielleicht waren wir dem Direktor so sympathisch«. Unsere lauschenden Freunde erblassen.

Auf dem Schiff saßen wir stets am Kapitänstisch. Das Essen hatte fünf Sterne, nur reiste der Koch am letzten Tag ab, schade für alle, die nach uns kamen. Als wir die alte Kathedrale betraten, fing just in dem Augenblick der Chor an zu singen, nur für uns, und dazu brach ein Sonnenstrahl durch die Wolken und leuchtete durch die alten Fenster. »Es war mystisch!« Unsere Freunde winden sich vor Qual. Das gibt uns Auftrieb. Wir waren das letzte Auto, das auf die Fähre gelassen wurde. Alle hinter uns mussten zurück und eine Übernachtung suchen. Die Alhambra hatten wir erstaunlicherweise für uns allein. »Keine Ahnung, wo die anderen Leute waren.« In Disneyland wurde die Sperre hinter uns zugeschlossen.

Ob wir mal trübes Wetter hatten? Nein. Höchstens am Tag, als wir sowieso im Prado waren. Ach ja, und andere, die mit uns reisten, die hatten Pech. Einer trat in einen Seeigel, eine Dame wurde beklaut, eine zweite verdarb sich den Magen, für eine Gruppe waren die Koffer nicht mitgekommen, andere litten bis zum Ende unter der Zeitumstellung, es gab Knöchelbrüche zwischen Säulenstümpfen, Schlaflosigkeit in stickigen Zimmern, verpasste Anschlüsse.

Aber, komisch, nicht bei uns. »Wir haben ja immer Glück, wir wissen auch nicht, wieso.« Unsere Zuhörer tun so, als ob sie sich freuen. Innerlich leiden sie unter Krämpfen. Macht nichts. »Sämtliche Touristen vor uns hatten sich vergeblich auf Whale-Watching-Fahrten begeben, wochenlang war nicht mal eine

Schwanzflosse zu sehen gewesen. Als wir kamen, tauchte prompt eine ganze Herde auf und vollführte Sprünge und Spiele. Der Ranger hat selbst gestaunt, so was hat er noch nicht erlebt, hat er gesagt.«

Tja, es ist halt so, wenn wir kommen. Der Landbevölkerung leuchteten die Augen. Ungläubig vor Staunen berührte man unsere Kleider. »Das ganze Dorf hat um unser Auto rumgestanden. So was hatten die noch nie gesehen.« Im Blockhaus im Värmland kam jeden Abend ein Elch, um sein Geweih an unserer Tür zu schaben. Auf der Safari schlichen Löwen um unser Zelt und schnaubten in den Eingang. Unsere Freunde ringen jetzt um Luft. Wir dürfen nicht zu weit gehen.

Nur noch dies: Prominenz ist uns eigentlich gleichgültig, aber wie der Zufall es so wollte, fuhr gerade die Königsfamilie vorbei, als wir in Stockholm die Straße überquerten. Tja. Und als wir in der Lounge saßen, fing ein Gast ein Gespräch mit uns an. »Er war wohl ein Schauspieler, Anthony Hopkins oder so, ich weiß nicht, kennt ihr den? Soll recht bekannt sein, aber wir sehen ja nie fern. Naja, der hat uns eingeladen, mit seinem Chauffeur einen Ausflug zu machen. Im nächsten Jahr sollen wir auf seinem Schloss wohnen.«

Vorsicht jetzt, nicht zu sehr übertreiben! Die Zerknirschung der anderen ist ein genauer Gradmesser, wie weit wir gehen dürfen. Sie sollen ja lediglich das Gefühl haben, dass wir von den Göttern begünstigt werden, während sie ihre Reise in den Sand gesetzt und ihr Leben verfehlt haben. Das sollen sie glauben. Mehr wollen wir ja gar nicht. Ist das etwa unbescheiden? Ich glaube, von einer mittelmäßigen Reise darf man das erwarten.

Reisen macht dumm

Zu Hause sind wir klug, oft sogar scharfsinnig. Doch sobald wir mit Koffer und Ticket das Haus verlassen, sinkt der Intelligenzquotient. Womöglich war er gar nicht so hoch? Mir erscheint bereits auf dem Bahnhof die Welt nicht mehr halb so durchschaubar wie am Vorabend bei der Tagesschau.

Auf dem Flughafen kribbelt die Kopfhaut vom Schrumpfen der Gehirnmasse.

Es geht abwärts. Bei den Einreiseformalitäten verflüchtigen sich zwischen »Arrival Record« und »Departure Record« die letzten Englischkenntnisse. Gehöre ich zur »X category«? Hoffentlich nicht. *»Applicant is required to sign an affidavit«*? Was ist das? Wie in alten Zeiten schreibe ich alles beim Nachbarn ab und unterzeichne kleinlaut: *»I certify that I have read and understood all questions.«*

Im Land selbst, in fremder Sprache und gar fremder Schrift, erweisen sich schlichteste Denkaufgaben als unlösbar. Heißt dieses Wort auf der Schwingtür »Herren« und das andere »Damen« oder umgekehrt? Beim Buchen der Reise sind wir ohne Wörterbuch ausgekommen, jetzt, wo es dringend wird, gehen die Vokabeln aus. Darf ich mich Ihnen anschließen, mein Herr?

Und dann allein in der Kabine – gibt es hier tatsächlich nur ein Loch im Boden? Wie geht das jetzt, was sonst so einfach schien? Wieder draußen – wie gelangt man durch diese Drehkreuze ins Freie? Mit einer Münze, Karte, einem Chip?

Sogar Kinder kommen besser zurecht. Sie sprechen diese sonderbare Sprache fließend. Mit etwas Glück erlangen wir im Hotel für einen Augenblick unsere Weltklugheit zurück. Etwa, wenn *»caldo«* auf dem Wasserhahn steht. Darauf fallen wir nicht mehr herein. Behutsam aufgedreht – jawohl, *»caldo«* heißt warm!

Aber dann: Wie schaltet man den Ventilator ab, der mit dem Lichtschalter anspringt, aber nicht wieder ausgeht? Wie lässt sich der Sturmwind der Klimaanlage stoppen, wenn sie bei »Off« einfach weitermacht? Und, jetzt wird es völlig undurchschaubar, wie kommen wir eigentlich in dieses Bettzeug rein?

Es ist fast so peinlich wie am Abend im Restaurant, als wir unsere Finger asiatisch reinlich in der Fingerschale badeten, während wir auf die Suppe warteten – bis der Ober uns informierte: Die haben Sie schon!

Ein Schritt auf unseren Apartmentbalkon zum erleichternden Durchatmen, da fällt die Tür zu. Von außen ist sie nicht mehr zu öffnen. Wir müssen uns wohl um die Trennwand beugen: Hallo, Herr Nachbar? Die Stufe des Volltrottels ist jetzt vollständig erklommen.

In Sydney habe ich mal, weil der Fahrstuhl nicht kam, das Treppenhaus gewählt. Und dann konnte ich in keinem Stockwerk zurück auf den Hauptflur. Durch Hochsicherheitstüren aus Panzerglas sah ich glückliche Gäste bequem durch Teppichflure wandeln und musste immer weiter runter, bis zu den Müllcontainern. Versklavte Unberührbare starrten mich an. Durch erstickende Dämpfe und Fettschwaden taumelte ich in die Küche – machen Sie bitte weiter, ich bin es nur – und floh durch den Frühstücksraum nach draußen. Wie ein fremder Brötchenkorb oder gar eine Kaffeemaschine funktioniert, hätte ich zu diesem Zeitpunkt ohnehin nicht mehr begriffen.

Ein Blick hinauf zur Sonne. Erleichterung. Sie ist dieselbe. Aber wieso wandert sie hier von rechts nach links? Stehen wir verkehrt? Oder geht sie auf der Südhalbkugel im Westen auf? Wenn wir, um diese Frage zu klären, zu Hause anrufen wollen, ist es da jetzt früher oder später? Oder ist es genau dieselbe Uhrzeit, bloß an einem anderen Tag, zum Beispiel gestern? Ein Leben des strebenden Bemühens – vergebens.

Auf Reisen kommt das letzte Wissen abhanden. Früher kannten wir den Unterschied zwischen Längengrad und Breitengrad. Er war so ähnlich wie der zwischen Backbord und Steuerbord oder konvex und konkav oder Dromedar und Kamel. All das verwirrt sich zu einem Knäuel düsterer Begriffsstutzigkeit.

Und Inkas, Mayas und Azteken, was sollen auch solche Unterschiede?

Elefanten mit breiten oder kurzen Ohren, Karl der Vierte, Fünfte, Sechste, Philipp der Gute oder Schöne, ohne Land oder ohne Furcht, Johanna die Wahnsinnige und die von New Orleans – ist das nicht im Grunde alles ein- und dasselbe?

Na, wir können ja zu Hause alles nochmal nachlesen.

Ach ja, zu Hause. Da sind wir wer. Da werden wir endlich wieder Bescheid wissen. Und dann können wir allen Daheimgebliebenen erklären, wie die Welt funktioniert.

Sag du doch, wo es hingehen soll!

Es gibt auf dieser Erde keine zwei Menschen, die in ihren Ansichten vollkommen übereinstimmen. Besonders nicht, wenn sie gemeinsam in Urlaub fahren wollen. Schon das Planungsstadium offenbart erschreckende Differenzen. Angedeutete Vorfreude des einen – »In diesem Jahr soll Mexiko günstig sein« – kann beim anderen bereits schwere Krisen auslösen. Das ist kein Wunder. Denn das Leben fügt unfehlbar zwei Menschen zusammen, von denen der eine lieber in die Berge und der andere lieber ans Meer fahren würde, oder der eine in die Trubelmetropole und der andere in die Einsamkeit.

Die Reise führt dann häufig an einen Ort des Kompromisses. Es sei denn, der beharrlichere Nörgler setzt sich durch. Oder es kommt zu einem juristisch fein abgestimmten Handel: »Na gut, dann fahren wir im Mai an deine Côte d'Azur, dafür geht es aber im September auf die Lofoten!« Nach meiner Erfahrung ist es in so einem Fall günstig, wenn der Urlaub des Partners zuerst drankommt. Dann kann man sich während der geballten Langeweile an der Côte d'Azur ausmalen, wie schön es bald auf den Lofoten sein wird.

Leben Sie in liebevoller Zweisamkeit? Dann haben Sie bestimmt schon die sonderbare Beobachtung gemacht, dass Sie sich unwillkürlich nach Süden sehnen, wenn der Partner äußert, er würde gern mal im Norden Urlaub machen. Dass aber der Norden erstaunlich an Attraktivität gewinnt, wenn der Partner vom Süden träumt. Wir wollen das nicht vertiefen. Es reicht zu wissen, dass dem Stadium der Planung große Bedeutung zukommt. Nur bei einer ausführlichen Vorbereitung der Reise können wir genügend Spannung aufbauen und Stress ansammeln, damit der Urlaub sich tatsächlich lohnt.

Darf ich Vorschläge machen? Erwähnen Sie lange im Voraus verschiedene attraktive Ziele, ohne jedoch jemals konkret zu werden. Nur ein hoher Unsicherheitsfaktor bis unmittelbar vor Abreise trainiert die heute so wichtige Flexibilität. Zwar steht oft schon früh im Jahr fest, in welchem Zeitraum die Reise stattfinden muss. Eine frühe Buchung wäre also möglich und könnte Kosten sparen. Doch hier gilt es Widerstand zu leisten. Eine frühe Festlegung schmälert die Aura des Abenteuers.

Gerade im Vagen liegt der Zauber. Oft reicht es, ein magisches Wort in den Raum zu werfen: »Patagonien«, »Neufundland«, »Hebriden«. Oder einen schwärmerischen Satz: »Man müsste mal die Panamericana runterfahren oder die Seidenstraße lang.« Das ist dann schon wie Urlaub. Nur noch den Atlas dazuholen, um mit dem Finger Routen entlangzufahren und weitere geheimnisvolle Ortsnamen zu entdecken. Das reicht. Die Wonnen des Fernwehs übertreffen ohne Zweifel die Realität der Ferne.

Doch der andere Teil der Partnerschaft ist oft nicht so genügsam. Meine Frau zum Beispiel erkundigt sich, schleppt Prospekte an, durchforstet sogar das Internet und kommt mit unangenehm handfesten Vorschlägen. »Das Hotel liegt direkt am Wasser.« Jetzt müssen plausible Einwände her. »Am Wasser? Da gibt es doch unendlich viele Mücken!« Sie hat schon Alternativen parat: »Das andere Hotel liegt am Berghang mit wunderschönem Panorama-Blick.« Das Wort hat sie im Katalog aufgeschnappt. »Am Berg? Das würde ja bedeuten, dass wir immer erst ins Dorf runterklettern müssten und dann wieder rauf!«

So leicht gibt sie sich nicht geschlagen. Weil die Planungsphase bei trübem Wetter stattfindet, haben sich die sonnig gefälschten Katalogfotos in ihre Seele gesenkt. Sie liest vor, was man da so alles machen kann: Wasserski, Sommerrodeln, Yoga, Höhlenwanderungen, Vorträge, Ausflüge, Konzerte in antiken Ruinen. Müde Gegenwehr: »Meinst du im Ernst, dass wir irgendwas davon nutzen?«

Grundsätzlich ist der planende Partner für die Begeisterung zuständig, der verplante Partner für die Befürchtungen. Um die Zeit bis zur Abreise spannungsreich zu gestalten, können die Rollen gelegentlich gewechselt werden. Nach dem Motto: »Dann sag du doch, wo es hingehen soll!« Mit unverdaulichen Wälzern – »Die Mythologie Griechenlands«, »Die Renaissance« – können wir unsere Kräfte weiter verschleißen, besonders wenn es am Ende ganz woanders hingeht. Denn bei der Vorbereitung kommt es vor allem auf eines an: dass wir Urlaubsreife erlangen. Wenn wir nicht völlig geschafft zum Flughafen taumeln, haben wir falsch geplant.

Wir reisen ab, und niemand weint

Es ist immer wieder traurig, wenn wir verreisen. Nicht für uns, aber für die anderen. Kinder oder Eltern mögen uns gar nicht aus der Tür lassen. Die Nachbarn stehen stumm und mit schwerem Herzen. Freunde kommen, als könnten sie uns noch zum Bleiben bewegen. Ohne euch ist alles so traurig!, klagen sie. Doch wir müssen fort. Ein letzter Blick zurück: In den Fenstern verweinte Gesichter. Der Gemüsemann macht eine stumme Geste, als wolle er uns zurückhalten. Der Postbote winkt resigniert unserem Wagen nach. Ein dunkler Schleier legt sich über die Stadt.

So ist es, wenn wir verreisen. Nein, so sollte es sein! So gehört es sich! Und warum ist es nicht so? Ach, wie schön wäre unsere Abreise, wenn irgendwo eine Träne glitzern würde, eine einzige nur! Nichts. Geschäftige Gleichgültigkeit begleitet unseren Abschied. Keiner malt sich aus, dass wir vielleicht nicht zurückkehren könnten. Die Ferne ist gefährlich! Halsbrecherische Verkehrsmittel, gewiefte Betrüger, unbarmherige Straßenräuber. Und dann Malaria, Hakenwürmer, Bilharziose! Exotische Viren mutieren bereits in die passende Form. Und da hat niemand Mitleid?

Frau Stölting, der wir auf der Straße von unseren Plänen erzählen, findet alles sehr interessant, will aber eilig zum Einkaufen. Herr Kracke runzelt die Stirn, statt uns aufzubauen: »Oh, da würde ich aber nicht hinfahren.« Michlers nutzen unsere Urlaubsaussichten, um sich in eigenen Erinnerungen zu verlieren. Unsere Cousine empört sich: »Dann seid ihr ja zu meinem Geburtstag nicht da!« Und Tante Mechthild, die als Einzige vor zwei Tagen mitfühlend zugehört hat, ist heute schon wieder verblüfft, dass wir überhaupt wegfahren wollen.

Niemand trauert, niemand gönnt uns Zuspruch und Trost. Vor einem langen Flug ist es immer noch wie damals bei der ersten Klassenreise, als unsere Mutter uns mit vielen falschen Versprechungen (»Es wird ganz toll!«) in den Zug schob. Wir brauchen Ermutigung. Aber niemanden kümmert es, dass unser Flugzeug ins Visier von Widerstandskämpfern geraten könnte. Man überlässt uns ungerührt unserem Schicksal.

»Habt ihr da gebucht, wo ich es empfohlen habe?«, will unser Schwager wissen. Haben wir nicht. Damit ist sein Interesse erloschen. Ja, und wenn wir als Geiseln genommen werden? Wenn Kidnapper Lösegeld fordern? Würde überhaupt jemand zahlen? Das fragen wir uns angesichts schnöder Herzlosigkeit.

Unsere Nachbarn freuen sich unverhohlen auf unsere Zeitung und auf unseren Parkplatz. Wie üblich werden sie dann genau an dem Tag verreisen, an dem wir zurückkehren. »So haben wir zweimal Urlaub«, frohlocken sie frech. Wer wird uns vermissen, seit wir keinen Hund mehr haben? Unseren Eltern versichern wir: Wir melden uns zwischendurch! »Das ist nicht nötig«, winken sie ab. Unsere Kinder müssten mit hängenden Köpfen durchs Haus schleichen. Stattdessen können sie unsere Abreise kaum erwarten. Wir fangen Anfragen ihrer Freunde ab, ob die Bude schon sturmfrei sei. Haben wir noch Zeit, sie mit einem Federstrich zu enterben? Haben wir überhaupt schon ein Testament gemacht?

Vor einer Reise suchen uns solche Gedanken heim. Wie wird

der Club in der langen Zeit ohne uns zurechtkommen? Haben wir Vorkehrungen getroffen, dass der Lesekreis nicht zu sehr an Niveau verliert? »Wir kommen bestens zurecht«, versichern alle gnadenlos. »Macht euch keine Sorgen.« Wieso wir? *Sie* sollen sich doch Sorgen machen!

Aber es ist ja wahr, statt ihrer grübeln *wir.* Letzte Fragen pochen an die Pforten unserer Schlaflosigkeit. Gibt es ein Weiterleben nach dem Tod? Wer würde an unserem Grab weinen? Würde uns jemand vermissen?

Die Reise ist der beste Test. Und leider kennen wir schon das Ergebnis. Wenn wir heimkehren und erzählen wollen, wundern sich alle, dass wir überhaupt weg waren. Und so richtig hören will auch keiner von unseren Abenteuern. Einige werden sogar enttäuscht sein, dass wir wieder da sind.

An den Scheidepunkten der Reise, bei Abfahrt und Rückkehr, offenbart sich die Wahrheit ungeschminkt. Wir sind gar nicht so wichtig. Angesichts dieser Erkenntnis sind wir die Einzigen, denen beim Abschied die Tränen kommen. Und auf einmal sind die anderen gerührt von der Tiefe unserer Empfindungen. Sie denken, wir vermissen sie schon. Na, wartet, wenn ihr verreist!

Schon wieder stecken geblieben

Selbst die längste Reise beginnt mit dem ersten Schritt«, belehrt uns ein chinesisches Sprichwort und mahnt: »Genieße ihn, denn schon beim zweiten kannst du stecken bleiben.« Eine tiefe Weisheit. Bereits auf dem Weg die Treppe hinunter knickt der Fuß um, der Koffer rauscht abwärts und gibt seinen Inhalt preis. Oder die Tür schlägt zu, Schlüssel und Tickets sind drinnen. All das ist mir schon passiert. Ihnen vielleicht auch.

Doch gewöhnlich schaffen wir es bis zum Taxi. Das Steckenbleiben kommt später. Am Abflugterminal wegen ungewöhnlicher Windverhältnisse oder im ICE wegen ungewöhnlichen Schneefalls oder im Auto wegen ungewöhnlich niedrigen Benzinstands. Es sind keine elementaren Katastrophen, die uns stocken lassen, zumal wir nicht allein in die Wüste oder ins Packeis aufbrechen. Doch es gibt auf jeder Reise Ereignisse, die den Erholungsfaktor Reibungslosigkeit zu Fall bringen. Es läuft nicht glatt, nicht wie geplant. Irgendwo bleiben wir stecken.

Vielleicht ist der Flug gut verlaufen. Dank Rückenwind haben wir sogar die Verspätung aufgeholt. Unten, im Sonnenschein, leuchtet die Stadt, in der wir landen sollen. Aber wir landen nicht. Warum beschreibt der Flieger unablässig denselben Kreis? Damit wir den Anschlussflug versäumen? Der Pilot hofft, dass es nicht mehr lange dauert. Als wir schließlich aufsetzen, ist es zu spät. Der Schalter der besonders günstigen kleinen Autofirma ist nicht mehr besetzt. Die Übernachtung war dreihundert Kilometer entfernt gebucht, das wird nun nichts.

Oder wir schaffen es gerade noch bis an die Küste, wo die Fähre zur kleinen griechischen Insel abgeht. Wir sehen sie sogar noch und können winken. Man winkt fröhlich zurück. In einer Woche geht die nächste. Nun heißt es improvisieren, was selbstverständlich unsere Stärke ist – allerdings nur, solange wir nicht dazu gezwungen sind.

Mit dem Zug kommen wir auch nicht reibungslos voran. Manchmal wird immerhin angesagt, welche Anschlusszüge leider nicht mehr erreicht werden können. Ein andermal heißt es lapidar: Der Zug endet hier. Es handelt sich um eine Provinzstadt, deren Namen wir im Quiz nur mit Mühe richtig zuordnen könnten. Wir wollten viel weiter, aber Bäume oder andere Lebewesen haben sich über die Strecke gelegt. Angeblich werden auf dem Bahnsteig nähere Auskünfte erteilt.

Doch die zweieinhalb Männer mit Schirmmütze sind bereits von Trauben von Menschen umlagert und versuchen selbst, per Funk Orientierung zu erlangen. Ein weiterer Zug rollt ein, die Fahrgäste drängen heraus und stürmen den Zug, den wir eben verlassen haben; er sei der einzige, der weiterfahre. Jeweils die letzte Information gilt als die wahre. Nichts stimmt. Noch ein Zug stoppt. Die Stadt hat zwei Hotels. Während die Reisenden Geld zurückfordern, sichern wir uns lieber ein Zimmer.

Mit dem Auto suchen wir Unabhängigkeit. Aber warum ist in unserem südlichen Lieblingsland die einzige Küstenstraße gesperrt? Wolkenbrüche haben sie überflutet? Als wir es trotzdem versuchen, ertrinkt der Motor. Leider ist der Mann, der die Werkstatt betreibt, bereits mit dem Moped in sein Heimatdorf gefahren. Morgen ist Nationalfeiertag. Im Sommer trocknet das Auto vielleicht wieder.

Oder ist es Winter? Und wir haben es klug am Rand des Skiortes abgestellt? Und dann nicht weiter benutzt? Inzwischen hat es geschneit, und zwar einige Tage lang. Anschließend kam der Schneepflug. Jetzt ragen die Antennen der Autos noch drei Zentimeter weit aus dem Schnee. Bis wir unseres finden, graben wir versehentlich drei andere frei. Die einheimischen Gebirgler sehen ungerührt zu.

Übrigens, wissen Sie noch, wie wir in der Gondel festsaßen? Anfangs gab es noch Durchsagen: Bitte Ruhe bewahren, der Fehler wird so schnell wie möglich behoben. Da wurden auch noch Witze gemacht. Doch dann kam ein Wind auf, und das Gehäuse schwankte dreihundert Meter über dem felsigen Grund. Schön war das. Fast so schön wie auf dem Sessellift, der in peitschenden Schneeböen stehen blieb. Die eisige Helligkeit blendete, bis uns die Augenlider zuwuchsen.

Genießen wir den ersten Schritt der Reise. Denn mit dem zweiten oder dritten stecken wir fest. Mit der Schmalspurbahn, die im Tunnel ihren letzten Seufzer aushaucht. Mit dem Boot, dessen Motor möglichst weit vom Festland aufgibt. Auf der Wanderung, wenn das Wetter umschlägt. Und im Zweifelsfall auf dem Rückflug, der streikbedingt eine Übernachtung auf dem Flughafen erzwingt; die Bänke sind bereits von hartgesottenen Schnarchern belegt.

Erst der allerletzte Schritt der Reise, der durch die eigene Haustür, wird wieder völlig unproblematisch, und dann war alles wunderschön.

Wider das Vergessen

Tragen Sie Kontaktlinsen? Eine Brille? Packen Sie beides rechtzeitig ein. Ich kehre gerade zurück von einer außergewöhnlich unscharfen Griechenlandreise. Das Wetter war angenehm, mehr kann ich nicht sagen. Ans Ziel gelangte ich noch mit klarem Blick. Den Leihwagen konnte ich vom Flughafen souverän in unser zweihundert Kilometer entferntes Küstendorf steuern.

Erst im gemieteten Häuschen offenbarte sich das Entsetzliche. Alles hatte ich eingepackt, nur nicht das Reise-Necessaire. Es heißt so, weil es die wirklich notwendigen Dinge enthält. Zum Beispiel Brille und Kontaktlinsen. Ich rieb mir die Augen. Ich trug Tageslinsen. Ihre Verfallszeit kündigte sich durch subtiles Brennen an. Um Mitternacht verabschiedete ich mich von ihnen und damit für eine Woche vom klaren Sehen.

Meine Frau reagierte mit heiterem Mitgefühl, denn von nun an war ich auf sie angewiesen. In dem Geheimtipp von Dorf gab es natürlich keinen Optiker. Die nächste Kleinstadt war drei Stunden entfernt; sollte dort einer sein, hätte er kaum Gläser oder Linsen in meiner Stärke auf Lager. Vor vielen Jahren habe ich Altgriechisch erlernt. Fürs Telefonieren nach Kontaktlinsen erwiesen sich die Vokabelreste als denkbar ungeeignet.

»Musst du die Dinge unbedingt klar sehen?«, fragte meine Frau weise. »Ist es nicht viel schöner, ihnen durch Unschärfe ihr

Mysterium zurückzugeben?« Nein. Ist es nicht. Meer: blau. Land: braun mit etwas Grün. Häuser: vorwiegend weiß. Menschen: vermutlich wettergegerbte Gesichter.

»Du solltest beim Packen eine Checkliste benutzen«, erklärte meine Frau. »Denk an Onkel Bruno.« Onkel Bruno, dem ich angeblich ähnele, hatte im frühen Rentenalter den venezianischen Campanile erstiegen. Als er samt Reisegruppe wieder auf dem Markusplatz stand, ließ er seinen Blick über Loggien, Domdächer, Palastfassaden streifen, entdeckte plötzlich einen Turm und rief aus: »Der Campanile! Wir müssen noch auf den Campanile!«

Seine Frau erblasste. Die Gruppe schwieg. »Bruno, wir waren doch eben auf dem Campanile!« Er erschrak, dann erinnerte er sich und lachte. Alles stimmte erleichtert ein. Zehn Jahre später wusste Bruno nicht mehr, dass er jemals in einem anderen Land gewesen war, noch, wo er sich im Augenblick befand.

Schweigen wir davon. Ja, ich habe eine kostbare Jacke in Clearwater, British Columbia, vergessen. Einen Ehering im Speisewagen des Zuges Köln–Hamburg. Die Adresse der Vermieterin auf Fünen; wir hatten bereits bezahlt und mussten nun trotzdem woanders einchecken. Die beiden Klassiker »Pass vergessen« und »Ticket zu Hause gelassen« kenne ich natürlich. Wer sie nicht kennt, ist kein Reisender.

Stehen Sie mir bei! Haben Sie nicht wenigstens Ihr Handy zu Hause gelassen, merkten es erst am Bahnhof und standen vor der Frage: Nochmal zurück und dafür zu spät in der anderen Stadt ankommen – oder den richtigen Zug kriegen und dafür unerreichbar sein? Wie viel Zeit haben Sie vergeudet auf der Suche nach Ihrem Leihwagen, den Sie in einer Nebenstraße abgestellt hatten, die zwei Stunden später vom Stadtplan verschwunden war?

Haben Sie nicht alle Taschen dreimal durchsucht nach dem Schlüssel Ihres Hotelzimmers? Sie hatten ihn auf die Stadtrundfahrt mitgenommen; nun mussten Sie ihn ersetzen. Übrigens Stadtrundfahrt: Wissen Sie noch den Namen des Gebäudes, an dem Sie eben vorbeigeschleift worden sind und das Ihnen ausführlich erläutert wurde? Erinnern Sie sich in der Gemäldegalerie beim Weiterschreiten noch an das vorletzte Meisterwerk, dessen Pinselstrich und Jahresdaten Ihnen per Audioguide ins Ohr geblasen wurden?

Nein. Aber Sie erinnern sich noch an den Mantel, den Sie in der Garderobe hängen ließen, denn Sie konnten ihn durch die Glastür eindeutig identifizieren, als das Museum längst geschlossen hatte. Am nächsten Tag hatte es zu; aber da mussten Sie ohnehin die Stadt verlassen. Und wie war das mit der Wegbeschreibung, die Ihnen in London ein enorm hilfreicher Einheimischer gab? Beglückt über seine Ortskenntnis, ereiferte er sich in Details, und Sie wussten schon nach der zweiten Abbiegung nicht mehr weiter.

Haben Sie Kinder? Darf ich Ihnen die Reise ins Gedächtnis rufen, auf der Sie das Kuscheltier Ihres Jüngsten zu Hause ließen? Das traumatische Erlebnis sitzt noch heute tief. Apropos Trauma: Sie waren es doch, dem meine Frau und ich unser Kind anvertrauten, das Sie dann leider am Strand vergaßen! Weil angeblich so viele Kinder durcheinander kreischten! Nur unser reizendes stilles Kind eben nicht? Weinend fanden Sie es zwei Stunden später beim Strandkorbvermieter. Darf ich Ihnen die therapeutischen Sitzungen in Rechnung stellen? Oder wollen Sie Buße tun, indem Sie mich mal bei Onkel Bruno vertreten? Hallo? Sie Weltreisende? Sie erinnern sich doch? Oder haben Sie schon wieder alles vergessen?

Schattenseiten der Ferienwohnung

Hotels sind gut. Aber brauchen wir eine marmorne Eingangshalle mit rieselnder Musik und lächelnden Damen an der Rezeption? Eigentlich nicht. Und das Frühstück ist selten das Geld wert, das uns dafür abgeknöpft wird. Also mieten wir ein Apartment. Da sind wir für uns und bleiben unbehelligt von klopfenden Putzkolonnen. Wir können es als unser Zuhause einrichten.

Laut Karte liegt es günstig. Beim ersten Durchschreiten allerdings wird unsere Begeisterung gedämpft. Die Einrichtung wurde sehr preisbewusst ausgewählt. Alles ist so hässlich, dass auch ein Kleptomane nichts mitnehmen würde. Beim Blick auf die Flecken wird uns bewusst, dass bereits andere hier gewohnt haben. Man vereinnahmt eine Ferienwohnung ungenierter als ein Hotelzimmer und lässt sich gehen. Wir nicht, aber unsere Vorgänger. Angesichts des dunkelbraunen Fußbodenbelags beschließen wir, hier auf keinen Fall barfuß aufzutreten.

Das Schlafzimmer hat ein Veluxfenster ohne Verdunkelungsmöglichkeit. Aber es soll ja gesund sein, mit der Sonne aufzustehen. Wir verschieben die Betten in eine andere Position, um der Einrichtung ein kleines eigenes Element zu geben. Im Badezimmer ahnen wir, dass die Handtücher hier erst gewechselt werden, wenn wir abreisen. Es nützt nichts, wenn wir sie auf den Boden werfen, um dem Personal das Signal zum Wechseln zu geben. Wir müssen sie selbst wieder aufheben. Über die Aufteilung der Ablagefläche werden wir uns schon einigen. Aber wie teuer und kostbar sind eigentlich Haken, dass es im ganzen Badezimmer nur zwei davon gibt? Oder haben unsere Vorgänger die restlichen abgegnibbelt?

Schweigend betrachten wir die Küche. Zum Teekochen reicht sie. Obendrein gibt es einen ganz kleinen Topf, in dem wir Eier kochen können, allerdings nur einzeln, nacheinander. Zum Ausgleich ein riesiges Exemplar, offenbar zum Auskochen von Windeln. Der Wasserkocher leckt. Der Toaster ist in der Lage, bereits auf niedrigster Stufe Brot in Holzkohle zu verwandeln.

Seltsam: Von der Fensterluke aus können wir das Dach des Hotels sehen, in dem wir letztes Jahr in diesem Ort gewohnt haben. Wir muntern uns auf: Es war deutlich teurer als diese Wohnung. Von dem Preisunterschied können wir opulent frühstücken gehen!

Aber zunächst müssen wir einkaufen. Unsere Vorgänger haben, außer Rotweinflecken und Käsecrackern unterm Sofa, lediglich Salz und Pfeffer hinterlassen. Etwas anderes hätten wir von ihnen auch keinesfalls benutzen wollen. Nun besorgen wir also eine Grundausstattung, mit der wir uns gesund ernähren können. Wir werden Müsli essen. Natürlich dürfen wir nur so viel einkaufen, dass wir bei der Abreise unseren Nachfolgern nicht zu viel überlassen. Diese logistische Berechnung ist eine eigene Herausforderung, aber ein Urlaub ohne Herausforderung wäre langweilig.

Und jetzt noch eine glückliche Entdeckung: Wir zahlen hier nicht extra für Energie! Zu Hause denken wir immer daran, keinen Strom zu verschwenden. Hier können wir den Kühlschrank hochpowern, bei kühlem Wetter mit den Herdplatten heizen und die kleine Geschirrspülmaschine täglich laufen lassen! Zähne werden ab jetzt, schon aus Rache, nur noch bei fließendem heißen Wasser geputzt. Die Nachbarn, jenseits der Wand, tun das ohnehin schon. Anders ist das unaufhörliche Rauschen nicht zu erklären. Auch diesseits, auf der anderen Seite des Eingangsflurs, gibt es Nachbarn. Sie lassen ihre Regenmäntel vor der Tür abtropfen und stellen ihre Schuhe so auf, dass wir nur im Storchenschritt zu unserer Tür gelangen.

Es ist eben kein Hotel. Im Keller dreht sich unablässig die Waschmaschine für die kinderreiche Familie von Apartment 3b. Das Vibrieren untermalt unseren Mittagsschlaf. Den Garten haben Leute in Besitz genommen, die schon eine Woche vor uns da waren, also ältere Rechte haben. Wann immer wir fortgehen oder nach Hause kommen, sitzen sie in ihren Stühlen und grüßen uns mit durchschaubarer Höflichkeit. Immerhin wohnen wir über ihnen und können etwas härter auftreten.

So richten wir uns mit der Zeit ein. Wir nutzen die Tassen als Müslischalen, den Blumenübertopf als Salatschüssel und die Tischdecke als Vorhang im Schlafzimmer. Nur noch drei Tage bis zur Endreinigung. Lohnt es sich, vorher sauber zu machen? Also einmal die Küche zu fegen? Oder gar das Bad zu schrubben? Wir sind im Zwiespalt.

Und was ist mit den Vorräten? Jetzt müssen wir sie plötzlich aufessen! All die Nudeln! Das Olivenöl ist nicht mehr zu schaffen. Hätten wir nur nicht so eine edle Sorte genommen! Daran werden sich nun die Nachfolger freuen. Neue Butter dürfen wir keine mehr kaufen, doch die alte reicht nicht. Also trockene Brötchen? Oder sollen wir etwa?

Ja. Das machen wir. Wir gehen frühstücken. In unserem alten Hotel. Ach, die marmorne Eingangshalle! Und die herrliche Musik! Die lächelnden Damen an der Rezeption! Wie schön kann das Leben sein!

Empfehlungen von Freunden

Und zieh dir was über und nimm einen Schal mit und putz dir vor dem Schlafengehen die Zähne!« So war das früher, als wir auf Klassenreise gingen. Unsere Mütter erteilten uns unerbetene Ratschläge. Mittlerweile sind wir erwachsen. Und werden immer noch vor jeder Reise ermahnt. »Wenn du in Budapest bist, geh ins Gellert-Bad, das ist das Wichtigste!« Na schön. »In Vancouver dürft ihr auf keinen Fall Vancouver Island auslassen, sonst hat sich die ganze Reise nicht gelohnt!« Ja gut. »Am Hafen von Helsinki müsst ihr die Straßenbahn Nr. 3 nehmen, die fährt euch rund um die Stadt, nicht vergessen!«

Danke. Für Positano bekommen wir die Adresse einer Terrasse, auf der wir einen Limoncello trinken müssen. Wenn wir auf den Kykladen sind, ist es unerlässlich, dass wir nach Amorgos übersetzen, weil uns da ein Pater Theophil durch sein Kloster führt. Jedenfalls dann, wenn wir den wohlklingenden Namen unserer Freunde erwähnen. In Brügge sollen wir – »Das ist das Beste!« – am Groenplaats ins Hilton gehen und an der Bar nach Charly fragen. Der gibt uns einen Drink aus, sobald wir von Anke und Michel erzählen.

»Da müsst ihr unbedingt hin«, »Der Abstecher lohnt sich«, »Das ist ein wunderbar einsamer Strand«, »Geht nicht zum Vordereingang, sondern zur Seitentür«, »Nur da dürft ihr Muscheln essen«, »Und grüßt den Winzer«: Unsere Freunde geben uns jede Menge Empfehlungen und Geheimtipps mit auf die Reise. Nicht nur, wenn wir sie bitten. Sondern auch, wenn wir lediglich andeuten, wohin wir reisen.

Gleich kramen sie die Bilder eigener Aufenthalte aus dem Gedächtnis, erinnern sich an Restaurants, versteckte Winkel, absonderliche Menschen und an spezielle Tricks, die Kurtaxe zu umgehen oder nach Kassenschluss ins Amphitheater zu klettern. Sie wünschen, dass wir ihrer Route von damals folgen. Wir sollen wenigstens schattenhaft nachempfinden, was ihnen damals Großartiges widerfuhr. Und sie bimsen uns ihre Ratschläge ein wie Vokabeln, die sie nach unserer Rückkehr abfragen werden. Wir machen gehorsam Notizen.

Doch den Tipps zu folgen erweist sich vor Ort als schwierig. Die Zeit hat eine verfälschende Patina über die Erlebnisse unserer Freunde gelegt. Da geht gar keine Fähre über den Sund, wo sie uns eine unvergessliche Fahrt versprochen haben. Der Delikatessenladen am Newski Prospekt – »Wer da nicht Piroggen probiert, weiß nichts von Petersburg« – serviert schalen Plunder. Und der elsässische Winzer – »Mit dem könnt ihr abends stundenlang zusammensitzen« – ist muffig und erinnert sich nicht an sie. Der Glorienschein, mit dem sie einstige Ausflüge verbrämen, erleuchtet uns nicht. Im Gegenteil. Der »kleine Abstecher« an den Weststrand von Vancouver Island entpuppt sich als öde Fünf-Stunden-Fahrt zu einer windzerzausten Bucht. Also, das fanden Walter und Gisela schön, registrieren wir leicht verbittert, bevor wir die Rückfahrt antreten.

»Ihr müsst unbedingt meine Lieblingskirche ansehen, San Miniato al Monte!«, hat Steffi uns auf den Weg nach Florenz mitgegeben. Während wir den Monte emporsteigen, können wir leider die trampelige Steffi nicht vergessen. Mag die Marmorfassade der Kirche auch Anmut und Charme haben, der Zauber ist verdorben. Muss das nun ausgerechnet Steffis Kirche sein?

Die Zeitangaben unserer Freunde stimmen nicht. Die Wegbeschreibungen, die sie mit einem prahlerischen »Könnt ihr gar nicht verfehlen« in die Luft skizzieren, führen in die Irre. Die Wanderempfehlungen erweisen sich als Folter. Und das wenige, was sie zu Recht anpreisen, verliert durch ihren erklärten Besitzanspruch an Romantik. »Wir waren vor euch da«, sagen sie mit ihren beschwörenden Ratschlägen. »Folgt uns, wir sind die Experten, am besten, ihr seht alles mit unseren Augen!«

Aber das wollen wir nicht. Und tun wir auch nicht. Wir erkämpfen uns unsere Selbständigkeit. »Euer Hotel ist ja nicht so toll«, sagen wir mitfühlend nach unserer Heimkehr. »Wir haben zum Glück gleich ein besseres gefunden.« Und: »Im Getty-Museum hängt kein einziger Botticelli, schon gar keine ganze Wand voll, da habt ihr wieder was durcheinander gekriegt.« Noch besser: »In Brügge gibt es weder einen Groenplaats noch ein Hilton, das gibt's nur in Antwerpen, und da mixt zwar tatsächlich ein Charly Drinks, aber als wir euer Foto gezeigt haben, meinte er, ihr habt noch Schulden bei ihm.«

Und dann verraten wir ihnen, wo die Botticellis tatsächlich hängen, wie das wirklich gute Hotel heißt und wo ein Barkeeper Cocktails serviert, »bei dem ihr euch noch sehen lassen könnt«. Und sonst: »Wenn ihr noch Empfehlungen braucht, dürft ihr gern fragen!«

Zwischenstopp – das Grauen am Airport

Kennen Sie den Flughafen Gander in Neufundland? Und fanden Sie den Kaffee an der kleinen Bude auch so dünn und das Angebot im Duty-Free-Shop irgendwie unbefriedigend? Aber leider reichte der Zwischenstopp nicht für einen Ausflug nach draußen? Nein, kennen Sie nicht? Glück gehabt.

Dafür kennen Sie Charlotte in Florida, eine Ansammlung schmuckloser Bauten, die einzig für die Bediensteten jenes Airports errichtet wurden, auf dem unweigerlich alle umsteigen müssen. Bis zum Anschlussflug genossen Sie durch das mattierte Glas einen unverbaubaren Ausblick auf puren Trübsinn.

Ich wette, auch auf Charles de Gaulle haben Sie schon viel kostbare Lebenszeit vergeudet, womöglich auch in Seoul, oder Sie haben – weil Sie zum Tauchen ans Rote Meer wollten – vier unvergessliche Nachtstunden auf dem Flughafen Kairo verbracht. Und sind wir uns nicht jüngst in Amsterdam-Shiphol begegnet, Sie und ich, pickelig und übernächtigt, beide in dieser wattigen Trance, die uns bei jedem längeren Zwischenstopp einnebelt?

Ich glaube, Sie strebten der so genannten Ruhezone zu, in der es Liegen gibt und einen Plasmabildschirm mit Filmen von Gärten und Wasserfällen. Ich kam gerade von dort, restlos erschöpft, denn nirgends wird so viel geredet wie in Ruhezonen, und nirgends quengeln die Kinder nachhaltiger.

Natürlich sind wir im Warten bereits durch den heimischen Stadtbus trainiert. Von dort wissen wir auch, dass wir Wartezeit stets mit Menschen verbringen müssen, mit denen wir uns freiwillig nicht unbedingt treffen würden. Wir kennen auch rastlose Wanderungen auf Bahnhöfen, wenn unser Anschlusszug leider nicht warten konnte. Meist sind wir in den Zeitschriftenladen geraten, in dem allein stehende Herren die Hochglanzmagazine durchwühlen oder technische Testberichte studieren.

Vermutlich hat uns die Verzweiflung sogar schon in ein Bratwurstglöckle getrieben oder in etwas, das sich Bahnhofswirtschaft nannte. Schweigen wir davon. Das ist pures Glück gegen einen Aufenthalt am späten Abend, wenn der Wind die Plattformen fegt und die Wartehäuschen ihren Dunst preisgeben. Wer in kalter Nacht den Frankfurter Bahnhof überstanden hat, den kann im Leben nicht mehr viel schrecken.

Flugreisende erzählen Ähnliches vom Aeroporto Milano. Den kenne ich nicht. Aber auf dem Flug von Sao Paulo nach Manaus kam ich in den Genuss von sagenhaften vier Zwischenstopps, bei denen jedes Mal Reisende aus- und einstiegen, während die Kabine sich tropisch aufheizte und ich aufgefordert wurde, auf keinen Fall meinen Platz zu verlassen.

Gerade Länder, in die wir auf keinen Fall einwandern würden, haben schreckliche Angst, dass wir während eines Zwischenstopps die Flucht ergreifen und uns bei ihnen ansiedeln wollen. Sie gewähren uns keinen Freigang. Wir sollen, auch bei fünf Stunden Aufenthalt, in den gläsernen Hallen vom einen Ende zum anderen wandeln, den Ansagen lauschen und die Boutiquen mit Krawatten, Taschen und Goldschmuck bestaunen. Die Verkäuferinnen kauen an den Nägeln. Lediglich die Parfumerien sind gut besucht, weil man sich dort kostenlos auffrischen kann.

Leider ist unser Handgepäck meist schwerer geworden als geplant. Mit einer einzigen Hand ist es gar nicht zu tragen. Als die Kinder noch klein waren, konnte ich meiner Frau sagen: Bleib du hier beim Gepäck und den Kindern, ich seh mich mal ein bisschen um. Dann war ich weg auf abenteuerlichen Erkundungsgängen. Jetzt, da wir zu zweit reisen, ist mir eine unbequeme Solidarität aufgenötigt.

Neidvoll sehen wir den Elektrokarren nach, auf denen Leute transportiert werden, die sich durch irgendetwas auszeichnen. Durch was eigentlich? Alter, Gebrechlichkeit, Geld? Können wir eines davon vortäuschen? Oder würden die Überwachungskameras das mitbekommen? Auf Flughäfen fühlen wir uns unangenehm beobachtet, wohl auch wegen des vielen Glases und weil den Leuten, die in ihren Sesseln hängen, nichts Besseres einfällt, als uns nachzusehen.

Können wir einen dieser Putzleute bestechen, dass er uns auf seinem Besenmobil mitnimmt zu einem ruhigen Plätzchen? Wo wäre das überhaupt? Auf jeder Bankreihe liegen ausgestreckt Leute und täuschen Tiefschlaf vor. Bleibt uns am Ende nichts anderes übrig, als an einer Bar Platz zu nehmen und das Billigste zu trinken, was es gibt, nämlich ein Glas Mineralwasser für sieben Euro?

Draußen, jenseits dieses Käfigs, liegt in unwirklich klaren Konturen das Land, das uns nicht richtig mag, weil wir nur durchreisen. Seinen Einwohnern gönnt es Himmel, Wolken, Sonne, Luft. Wir haben hier die Klimaanlage und die Ansagen sowie Kübelpalmen und einen künstlichen Wasserfall. Da draußen vergeht die Zeit. Hier sind die Uhren stehen geblieben. Oder wie lange dauert es noch?

Verdampfen im Süden

Wir leben in einem Land, in dem es neun Monate im Jahr regnet. In den restlichen herrscht Bodenfrost. Deshalb kommen wir zuweilen auf eine verhängnisvolle Idee: In einem Anfall von Wut und Verzweiflung buchen wir eine Sommerreise in den Süden.

Jeder von uns hat diese Idee schon gehabt, wenn auch nur einmal im Leben. Rom im Juli, ich erinnere mich. Alle Jalousien heruntergelassen, die Restaurants geschlossen, die Einheimischen komplett nach Norden ins Exil gegangen. Der Urlaub bestand aus Verdampfen bei lebendigem Leib und aus Warten, dass er vorübergeht. Sie kennen das? Vermutlich waren Sie nicht im August in Madrid oder Athen, sonst wären Sie nicht mehr in der Lage, diese Zeilen zu entziffern.

Aber Sie haben mal eine südliche Insel aufgesucht. Die Landschaft war staubig, die Vegetation verdorrt, der Asphalt warf Blasen. Sie dachten, am Meer müsse es auszuhalten sein. War es Korfu, Sardinien? Das Land lag gelähmt, die Vögel schwiegen, nur Zikaden waren zu hören. Ich erinnere mich, wie Sie mit krebsrotem Gesicht vorüberwankten, Richtung Meer. Wie Sie dann schreiend über glühende Steine staksten und in die lauwarme Brühe plumpsten. Ich war derjenige, der mit nassem Tuch auf dem Haupt im Schatten saß. Sie verzeihen, dass ich mich nicht aufraffen konnte, Ihnen das Leben zu retten. Ich war in meiner Mattigkeit gerade noch in der Lage, nach Schlangen und Skorpionen Ausschau zu halten, den einzigen Tieren, die sich bei solchen Temperaturen bewegen.

Immerhin habe ich Sie am folgenden Tag noch halbwegs lebendig in der Kathedrale sitzen sehen. Sie blätterten in einem frommen Heftchen. Ja, auch ich habe den kühlen Segen der Kirche gesucht. Allerdings bin ich nicht so weit gegangen, die Arme bis zum Ellbogen ins Weihwasserbecken zu tauchen. Schweigen wir davon.

Wohin sollen wir, wenn im Hotelzimmer die Hitze steht und die schattigen Museen geschlossen haben? Zur eigentlichen Urlaubsattraktion werden im Süden unversehens die klimatisierten Banken. Wenn sie dichtmachen, bleiben noch die Supermärkte, in denen das Obst auf Eis liegt. Ich habe in meiner Not schon manche Truhe voll tiefgefrorener Fische umgegraben. Richtig herrlich, aber in dörflichen Gegenden rar, sind klimaversiegelte Einkaufszentren. Dort bekommen wir eine Gänsehaut. Die Angestellten tragen leichte Wolljacken. Künstliche Polarwinde durchfegen die Hallen, damit wir es schaffen, unseren Hitzekoller mit einer langwierigen Erkältung zu kombinieren.

So einen Eispalast zu verlassen ist dann die grausamste Mutprobe. Jenseits der Glastüren prallen wir gegen eine Wand aus Glut. Auf dem Parkplatz spiegeln die Autos. Wir hatten unseren Wagen im Schatten geparkt, mittlerweile steht er im Fokus der Sonne. Es riecht nach flüssigen Reifen. Die Autotür ist nur mit spitzen Fingern zu öffnen. Wer sich hinsetzt, riskiert Verbrennungen an den Unterseiten der Oberschenkel. Das Lenkrad befindet sich unmittelbar vor dem Schmelzpunkt. Wer hat den Schokoriegel auf dem Rücksitz liegen lassen? Lassen wir das.

Die Kinder quengeln ohnehin nur noch. Sie wollen Eis, können aber nicht so schnell schlecken, wie es schmilzt. Durst? In der Flasche siedet das Wasser.

Wer hat behauptet, Hitze sei erotisierend? Na gut, wir erinnern uns an den ersten Abend, als bei offenem Fenster warme Luft die Haut streichelte. Eine verwehte Fata Morgana. Mittlerweile ist die körpereigene Hormonproduktion verdorrt. Seit einer Woche sind wir nicht aufs Klo gegangen. Unnötig. Alles verdunstet durch die Poren und hinterlässt lediglich salzige Kristalle auf der Haut. Auch am Haaransatz. Von der Gehirnmasse muss jetzt eine Art Pulver übrig sein, wie die körnige Basis einer Gemüsebrühe. Auch nach langem Duschen wird das Gehirn nie mehr seine frühere Größe erreichen.

Die verbliebenen Einheimischen, ausschließlich zahnlose Alte, beobachten durch halb geschlossene Fensterläden, wie wir uns durch die Gassen schleppen. Ja, ja, wir sind die Doofen. Und warum sind wir hergekommen? Wo es doch in unserem Land so schön kühl ist! Da regnet es neun Monate im Jahr. Ach, wie herrlich!

Reisen mit Tante Gertrud

Vieles erscheint von weitem verlockend, doch je geringer der Abstand wird, desto unangenehmer wirkt es. Zum Beispiel ein Familienfest. Anfang des Jahres haben wir für die Taufe oder Hochzeit oder den runden Geburtstag im Sommer zugesagt. Damals schien die Aussicht harmlos. Jetzt müssen wir tatsächlich hin und ärgern uns.

Damit die Zeit nicht völlig vertan ist, beschließen wir, eine kleine Reise daraus zu machen. Es ist mal wieder nicht so, dass ein steinreicher Onkel in herrlicher Gegend in einem Luxushotel feiert und uns samt Suite und Anreise alles bezahlt. Sondern unser armer Cousin hat sich zur Heirat entschlossen und wartet auf ein Geschenk von uns. Wir haben die Wahl, bei ihm zu Hause unterm Schreibtisch zu schlafen, dazu lädt er ausdrücklich ein, oder uns selbst ein Hotel zu suchen. Als wäre das noch nicht genug, wird uns die Reise durch sein Ansinnen verdorben, wir mögen eine Rede halten.

Doch wir denken positiv. Damit die Zeit nicht gänzlich verloren ist, stellen wir eine idyllische Reiseroute zusammen. Dank klug gewählter Abstecher werden wir uns dem Ort des Schreckens betont langsam nähern. Es gibt alte Städtchen auf dem Weg, eine ruhmreiche Kathedrale, ein Schlosshotel sowie empfohlene Feinschmeckerlokale. Darüber werden wir den

Anlass der Reise vergessen. Leider müssen wir mehr Gepäck als gewöhnlich mitnehmen, weil wir in edler Robe erwartet werden. Für die paar Stunden formeller Heuchelei schleppen wir also zwei Koffer extra mit. Na gut. Wir fahren ja mit dem Wagen.

»Fahrt ihr mit dem Wagen?«, erkundigt sich der Cousin einen Tag vor unserem Aufbruch. Zum Lügen fehlt uns der Mut, obwohl wir ahnen, was kommt. »Könnt ihr dann vielleicht einen Abstecher nach Bottrop machen und Tante Gertrud mitbringen?« Abstecher? Wir wissen nicht mal, wo Bottrop liegt. »Ihr würdet uns allen einen großen Gefallen tun.« Die Tante sei bereits informiert.

Die Wogen des Unglücks schlagen zusammen. Ade, alte Städtchen, Burgen, gemütliche Weinlauben. Guten Tag, graue Tante. Wir hätten rigoros abgelehnt, wenn wir nicht auch entfernt an Gertrud interessiert wären, zumindest an ihrer Hinterlassenschaft. Schließlich gehören wir zur so genannten Erbengeneration, auch unsere eigenen Kinder zeigen sich bereits interessiert. Jedenfalls sind wir nun mittendrin im Familiendesaster. Erholsam kann die Reise nicht mehr werden. Die Tante möchte vorne sitzen, sonst wird ihr schlecht. Außerdem berichtet sie, dass Onkel Hermanns Neffe auf der Hälfte des Weges wohnt.

Onkel Hermann? Wer soll das denn sein? Sie hat uns bereits bei seinem Neffen angekündigt. Wir dürfen uns auf das Etagenbett der Kinder freuen; die sind in den Ferien. Na, wunderbar. Wer oben schläft, wird nachts beim Abstieg auf den Bauklötzen ausrutschen und gegen das Bügelbrett stürzen. Unsere Fahrt durch herrliche Landschaft wird getrübt, weil Gertrud unablässig von ihrer Jugend berichtet. Außerdem malen wir uns schon mit Schrecken aus, wen wir sonst noch auf dem Familienfest treffen. Witzige Zwischenrufe während unserer Rede sind zu erwarten. Außerdem kommen wir vielleicht mit neuer Partnerin. Sie wird von der Seite inspiziert und erfährt durch kleine Bemerkungen Dinge, die sie eigentlich nicht wissen sollte. Einige Verwandte sind einfach peinlich. Oder sind etwa wir ihnen peinlich? Andere haben wir so lange nicht gesehen, dass wir sie nicht erkennen. Ihr Name ist uns ohnehin entfallen.

Cliquen sondern sich ab. Gesprächige Jugendliche werden einsilbig. Uns fallen auch keine besseren Fragen ein als: »Was machst du denn jetzt so? Und was willst du dann machen?« Längst bereuen wir, dass wir für diese Reise Urlaub genommen haben. Wir können uns nicht mal bei einem gesetzten Essen für die Konversation schadlos halten. Der knickerige Cousin hat lediglich ein Buffet aufbauen lassen, im Gemeindesaal einer evangelischen Kirche. Die Stühle sind hart, der Anzug kneift. Im Halbdunkel der Bühne spielt eine Dame Saxophon zur Tonband-Begleitung. Wir beschließen, wenigstens den aufgeschobenen Tanzkurs demnächst anzufangen. Zum Glück bekommen wir plötzlich Migräne.

»Schade, es ist so ein tolles Fest!«, sagen wir dem Cousin, als wir schmerzverzerrt das Feld räumen. Im Ausgang treffen wir regennasse Gestalten, die erst jetzt eintreffen, weil sie sich beim Spaziergang zwischen Mittag und Kaffeetrinken verirrt haben. Einige sehen aus, als könne eine psychiatrische Begutachtung nicht schaden. »Waren das auch deine Verwandten?« Keine Ahnung. Möge man sich erst zur Beerdigung wieder treffen.

Zermürbt und übermüdet schlingern wir am nächsten Tag heimwärts. Erst aus weiter Entfernung und nach langer Zeit wird uns diese Reise lustig oder wenigstens kurios vorkommen. Und dann freuen wir uns tatsächlich schon auf die nächste Reise zu einem Familienfest, zum letzten großen Fest, das Tante Gertrud feiert. Oder das jedenfalls ihr gewidmet ist.

Frikadellen im Garten Gethsemane

Menschen müssen essen. Auch auf Reisen. Ja, offenbar gerade dort. Die Fülle neuer Eindrücke erhöht den Kalorienbedarf. Und das oft schon im Voraus. Der Zug hat sich kaum in Bewegung gesetzt, da raschelt es neben uns. Aus den Tiefen seiner Reisetasche fördert unser schnaufender Nachbar ein fettiges Fresspaket ans Licht. Guten Appetit. In der Maschine nach New York sitzen wir neben einer Dame, die gegen Flugangst Kekse einwirft und die Reste bevorzugt in unsere Richtung bürstet. Beim ersten Durchsacker verschluckt sie sich und hustet feuchte Krümel über die vorderen Reihen. Sonderbar, dass sie durch die Sicherheitskontrollen gelangt ist.

Im Bus an die frühen Stätten der Christenheit nestelt eine kultivierte Lehrerin unaufhörlich an ihren Bonbontüten. Kathedralen, Katakomben, Mosaiken – sie raschelt und knistert die ganze Zeit. Sie erschrickt jedes Mal, wenn der Bus eine Haltebucht ansteuert. Eine Besichtigung droht. Schnell eine Sonderration in die Handtasche geschaufelt, sonst droht in der Basilika der Hungertod.

Normalerweise fällt uns das nicht auf. Aber wenn wir mal darauf achten, sehen wir nichts anderes mehr: Überall wird gemampft. Wenn wir mit letzter Kraft den Gipfel erklimmen, hockt da schon eine rüstige Wanderfamilie, pellt Wurst und lässt die Thermoskanne kreisen. Auf unserer jüngsten Studienreise schälte ein Pensionär gekochte Eier auf dem Forum Romanum. Und der Kunstgeschichtler aus Köln marschierte mit einer Frikadelle durch den Garten Gethsemane. Wo einst die Orakelpriesterin von Delphi saß und tiefe Einsichten verkündete, hockt jetzt ein Dickwanst, tunkt Hackfleischbällchen in ein Schälchen Tsatsiki und schmatzt.

Ist das Frevel? Zweifellos. Allerdings nur, wenn andere es tun. Doch auch ich kenne schwache Momente auf Reisen. Sie ebenfalls? Obwohl wir äußerst kultiviert und eigentlich schon so verfeinert sind, dass wir von purer Lichtnahrung leben könnten, werden wir auf anspruchsvollen Touren zuweilen von groben Hungeranfällen heimgesucht. Bereits im Kreuzgang begann der Magen zu knurren, nun müssen wir dem Reiseleiter noch in die Kathedrale folgen, wo er einen überflüssigen Seitenaltar nach dem anderen entdeckt. Wir sehen uns hungrig um. In manchen Kirchen werden Kekse aus der Dritten Welt verkauft. Wir würden das letzte steinharte Exemplar teuer bezahlen. Nichts.

Oder wir sind in unserem Hotel auf Yukatan zu spät aufgestanden, haben nicht richtig frühstücken können und müssen nun indianische Pyramiden bewundern oder sogar erklimmen. Von oben suchen wir mit bangem Blick die Umgebung ab. Die Maya sind uns längst gleichgültig. Wir bereuen, dass wir jemals die berühmte amerikanische Imbisskette verspottet haben. Warum hat sie hier keine Filiale erbaut?

Eine Schlossbesichtigung zieht sich endlos hin. Bereits beim Eintreten mussten wir registrieren, dass das hauseigene Café wegen Renovierung geschlossen hat. Was nun? Während der Litaneien des Guide suchen wir die dicke Dame von gestern. Sie hat uns erklärt, wo sie einst in Kerala ein Vier-Gänge-Menü für drei Euro ergattert hat, wo man in Ephesus den besten Oktopus bekommt und wo man in Phuket günstig satt wird. Normalerweise sind Leute mit dergleichen Tipps lästig. Doch bei akuten Hungeranfällen wissen sie Rat. Jetzt fehlt die Dame.

Warum haben wir nichts eingepackt? Wir wissen doch, dass manch ruhmreiche Gemäldegalerie nur genießbar wird, wenn man beim Durchschreiten die richtige Schokolade dabeihat. Viele Fresken gewinnen an Tiefe und Leuchtkraft, wenn man bei ihrer Betrachtung eine eiskalte Cola trinkt. Die Wasserspiele des Generalife taugen vor allem zum Waschen von mitgebrachtem Obst. Und manche Krypta ist nur dazu gut, dass man dort in Ruhe seinen Eisbecher auslöffeln kann.

All das wissen wir. Und trotzdem passiert es uns auf Reisen immer wieder, dass wir leer ausgehen. Besonders abends. Wir haben das letzte Tageslicht für Besichtigungen ausgenutzt. Nun ist es spät, die Lokale werden gleich schließen. Noch sind sie geöffnet. Dummerweise können wir uns gerade jetzt nicht entscheiden. Das erste Lokal sieht akzeptabel aus, aber mal sehen, was es noch gibt. Das nächste ist zu voll, das übernächste verdächtig leer. Hier wird zu viel geraucht, dort zu laut gelacht. Beim einen behagt uns die Speisekarte nicht, beim anderen missfallen die Preise.

Auf einmal kommt keines mehr, nur noch ein Chinese. Wären wir doch ins erste gegangen! Das sah gut aus! Wir eilen zurück. Der Ober bedauert. Eben hat die Küche geschlossen. Gegenüber stellt man bereits die Stühle hoch. Ärger, Reue, Beschuldigungen. Wütend und hungrig schleppen wir uns zum Hotel. Na, dann werden wir dort dinieren! Wenn auch zu Höchstpreisen für Kleinstportionen. Resigniert laben wir uns mal wieder an den Keksen und Erdnüssen aus der Minibar.

Das Handy als Begleiter

Bitte sprechen Sie mich beim nächsten Mal direkt an. Sie dürfen mich auch gern anschreien, ja an der Schulter packen und schütteln. Auf die Weise lernen wir uns mal kennen! Beim letzten Mal haben Sie sich leider diskret abgewandt. Mit einem stummen Kopfschütteln, wenn ich es richtig gesehen habe. Ich meine sogar, einen leicht angewiderten Gesichtsausdruck bei Ihnen bemerkt zu haben.

Macht nichts! Ich verstehe das. Ich habe mich früher auch geärgert, wenn an den herrlichsten Plätzen der Welt oder unterwegs Leute ihr Handy auspacken und brüllend drauflostelefonieren. Seit ich das selbst mache, stört es mich nicht mehr. Ich beherzige das goldene Wort des früheren Beamtenbund-Chefs Alfred Krause: »Gegen den Frust mit Beamten hilft nur eines: selber Beamter werden.«

Das gilt genauso für Handys. Man muss selbst laut werden. Falls Sie sich in der paradiesischen Stille des Yosemite-Parks jüngst maßlos darüber geärgert haben, dass jemand dröhnend den Sonnenuntergang schilderte, und zwar für seine schwerhörige Tante im Allgäu, das war ich. Und wenn Sie auf Ihrer letzten Ägypten-Reise genervt die Augen verdrehten, weil da einer den aktuellen Stand der Pyramiden nach Düsseldorf durchgab: ebenfalls ich.

Anfangs fiel mir das Herausposaunen von Körperbefinden und Positionsangaben vor anderen Leuten schwer. Inzwischen habe ich jegliche Scheu abgelegt. Ein Telefonat stellt mitten in der Fremde unversehens Nähe her. Ein unsichtbarer Kokon privater Zweisamkeit webt sich um den Telefonierenden; die störenden anderen verblassen.

Probieren Sie es aus. Fangen Sie auf dem Flughafen an. Da geht Ihre spannende Meldung von der Gangway – »Wir sind jetzt gelandet« – noch im allgemeinen Gemurmel unter. Steigern Sie sich dann in der Bahn. »Wir sind gerade abgefahren« oder »Ich bin's, ich sitze im Zug« sind gern gehörte Einstiegsübungen. Heben Sie dann allmählich die Phonstärke. Das trainiert auch die Stimmbänder. Am natürlichsten geht es, wenn der Zug in ein Funkloch fährt: »Die Verbindung wird jetzt ganz schlecht!«, rufen Sie, möglichst laut, damit notfalls die herkömmliche Schallübertragung funktioniert.

Ihr Selbstvertrauen wächst dabei unaufhaltsam. Unnatürliche Hemmungen verschwinden. Bald laden Sie sich, genau wie ich, Pieptonfolgen von der Länge mittlerer Sinfonien aus dem Internet herunter. Bei Anrufen weist das auf das Gefühl der eigenen Bedeutung hin, zugleich aber fördert es das musikalische Gehör der Mitreisenden.

Die Fahrt mit aktivem Handy ist nicht nur für Sie selbst eine befreiende Therapie. Nebenbei tun Sie etwas für andere Menschen! Mit vieldeutigen Satzfetzen – »Das finde ich unmöglich« oder »Das hätte sie sich doch denken können« – regen Sie die Phantasie im Abteil an. Ich selbst streue gern Dramatisches ein wie »bis auf die Grundmauern abgebrannt« oder »von drei Kampfhunden verfolgt«, um die Mitreisenden zu unterhalten. Wenn ich gut aufgelegt bin, sage ich ins stumme Telefon: »Fünf

Richtige? Liebling, das ist ja toll!« Oder lache laut los, damit alle denken, ich hätte einen tollen Witz gehört, den sie leider verpasst haben.

Sicher haben Sie mich schon mal dabei erlebt. Und wie fanden Sie mich, als ich die schneidige Führungskraft spielte? Das tue ich am liebsten. Es braucht ja niemand am anderen Ende zu lauschen. Das Handy am Ohr genügt. »Sagen Sie Petersen, er soll diesmal pünktlich zur Besprechung kommen«, rufe ich. »Sonst kann er seine Beförderung vergessen.«

Mittlerweile habe ich mir eine ganze Palette geschäftsmäßiger Weisungen zurechtgelegt, denen die Mitfahrenden achtungsvoll lauschen. Leere Momente einer Reise und überflüssige Augenblicke der Stille fülle ich so mit einer Aura der Wichtigkeit.

Aber, bitte, falls es Sie stört: Sprechen Sie mich an. Schreien Sie gern, packen Sie mich an der Schulter, geben Sie mir eine Ohrfeige! Ich nehme es nicht übel.

Natürlich können Sie nicht sicher wissen, dass wirklich ich es bin. Das müssen Sie einfach ausprobieren. Fangen Sie bitte möglichst bald damit an.

Für Ihr beherztes Auftreten ist Ihnen mein Dank – ja unser aller Segen – gewiss!

Waren das Ihre Kinder?

Darf ich einen Wunsch äußern? Mieten Sie das nächste Mal ein Ferienhaus. Denn auch bis zum nächsten Urlaub werden Sie es nicht schaffen, Ihren Kindern Benehmen beizubringen. Und ich will nicht noch einmal den Toleranten spielen, wenn Ihre Kinder um sechs Uhr morgens im Hotel Türenschlagen spielen, später am Buffet Müsli über den Lachs verteilen, während Ihr Jüngstes seinen Windeleimer in den Pool leert. Machen Sie wenigstens Urlaub auf dem Bauernhof. Schicken Sie die Kleinen in den Stall. Aber schonen Sie die Hotels und deren friedliebende Gäste.

Wie, das waren gar nicht Ihre Kinder? Etwa auch nicht diejenigen, die abends kreischend das edle Menü verweigerten und stattdessen Pommes verlangten? Und sich unter den Augen hilfloser Kellner auf dem Boden wälzten? Während Sie stoisch Ihre Trüffelpastete verzehrten? Das waren Sie nicht? Im Gegenteil, Sie haben auch darunter gelitten?

Dann fällt mir ein Stein vom Herzen. Dann sind wir unter uns. Ich will nicht behaupten, dass die Kinder von heute – und so weiter. Aber Sie und ich, als wir klein waren, haben wir uns in den Ferien derartig danebenbenommen? Nein.

Haben uns die Eltern nicht streng zur Ordnung gerufen? Allerdings.

Sind wir jemals anderen Urlaubsgästen auf die Nerven gegangen? Bestimmt nicht.

Aber genau genommen wissen wir es nicht. Von den zahlreichen Reisen, die meine Eltern mit mir unternahmen, sind mir nur die Eissorten und Kaugummis fremder Länder in Erinnerung. Am Nordseestrand habe ich einmal eine raffinierte Kanalanlage hinterlassen, eigenhändig mit Schippe und Zeigefinger gegraben. Ich hoffe, sie steht noch. In Osttirol schuf ich aus Steinen und Stöcken die komplexe Umleitung eines Seitenarms des Bergbaches.

Mehr weiß ich nicht mehr. Denn das meiste, was wohlmeinende Eltern im Urlaub aufwenden, ist für Kinder überflüssig. Mit »Sieh mal, das haben die Römer gebaut!« konnte ich schon damals nichts anfangen.

Und erinnern Sie sich, wie Ihre Eltern Sie aufforderten, die Aussicht zu genießen, während Sie lieber Mickymaus lasen? Wie Sie an einer Serpentine aussteigen mussten, weil da ein ebenso berühmter wie langweiliger Schneeberg zu bewundern war, während die Detektivkassette gerade an der spannendsten Stelle war?

Mussten Sie etwa auch mit Ihren Eltern wandern? Der einzige Trost waren die sparsam ausgegebenen Schokoladenrationen. Wissen Sie noch, wie Sie im Auto Ihre schlanken Beine nicht unterbringen konnten, weil da ein voll gestopfter Korb vor Ihrem Sitz abgestellt war? Ihr gewohntes Spielzeug war zu Hause geblieben. Hoffentlich hatten Sie wenigstens ein Brüderchen oder Schwesterchen zum Streiten mit. Wenn Sie Einzelkind waren, mussten Sie im Zimmer der Eltern in ein wackeliges Zusatzbett steigen.

Wozu das alles? Kinder brauchen keinen Urlaub. In fremder

Umgebung fühlen sie sich gar nicht wohl. Aber als wir dann selbst zu Eltern wurden, haben wir ihnen natürlich auch etwas bieten wollen. Etwa eine Schlossbesichtigung unter dem Motto »Hier hat mal ein König gewohnt«, durch deren letzte Räume wir sie am langen Arm über den Boden schleifen mussten. Oder die tolle Vorführung von Ritterspielen auf einer alten Burg, die wir vorzeitig verlassen mussten – aus Gründen, von denen ich schweigen möchte. Jedenfalls haben sich alle nach uns umgedreht.

Urlaub am Meer bestand aus Ringewerfen und Schwimmunterricht mit der Hand unterm Bauch und der abendlichen Entfernung der porentiefen Sandpanade. Vor allem aber aus Rundumbewachung und Beschwichtigung. Dieses ewige Warten in den Restaurants mit Malblättern und Buntstiften und klebrigen Kindersitzen! Wir waren glücklich, als wir wieder zu Hause waren. Die Kinder waren noch glücklicher.

Das ist vorbei. Dachte ich. Aber nun kommen ja die Kinder von anderen Leuten. Von Leuten, die alles viel lockerer sehen. Von Leuten wie Ihnen.

Geben Sie es doch zu: Sie waren froh, als Ihr Kleines sich an meinem Mantel die Nase schnäuzte! Als es am Strand mich und nicht Sie mit Wasser begoss. Und als es abends aus Langeweile nicht Ihre, sondern meine Tischdecke samt Gläsern vom Tisch zog. Sie waren dann voller Mitgefühl, aber nicht für mich, sondern für Ihr Kind.

Sagen Sie, werden Sie demnächst wieder verreisen? Dann verraten Sie mir bitte, wohin. In der entgegengesetzten Richtung müssten ich und alle anderen Frieden finden.

Unfehlbarer Ortssinn

Sie verfügen über einen guten Ortssinn? Ich ebenfalls. Ist es nicht seltsam, wie schnell er im Urlaub abhanden kommt? Oder wollen Sie behaupten, dass Sie immer auf schnellstem Wege zum Hotel zurückfinden? Oder dass Ihnen die Frage vom Beifahrersitz völlig unbekannt ist: »Weißt du eigentlich noch, wo du bist?« Dann sind Sie ein Genie.

Aber das sind Sie nicht. Denn ich habe Sie in Venedig getroffen, in einer völlig abseitigen Gasse am brackigen Seitenarm eines Nebenkanals. Ich saß da, weil ich vom Herumirren völlig erschöpft war. Sie kamen suchend um die Ecke, legten sich einen geschäftsmäßigen Schritt zu, um nicht als fremder Depp zu gelten, marschierten zielstrebig an mir vorbei, bogen ab und kamen gleich wieder beschämt zurück, denn da ging es nicht weiter.

»Nach San Marco erst links, dann zweite rechts«, habe ich Ihnen lässig hingeworfen. Das stimmte zwar nicht. Aber die Einheimischen geben auch keine besseren Ratschläge. Und vermutlich sind Sie trotzdem irgendwann angekommen.

Lassen Sie uns offen reden. An wie vielen Abzweigungen auf fremden Autobahnen sind Sie schon hilflos vorbeigetrieben? In wie vielen Städten haben Sie entdeckt, dass Sie auf der falschen Flussseite fuhren? Alle Sehenswürdigkeiten lagen drüben, aber

Sie konnten nicht rüber, weil es zwar Brücken gab, aber keine Straße dorthin? Wie oft haben Sie ärgerlich gesagt: »Na, dann lassen wir den Dom eben, der taugt sowieso nichts.«

Zweifellos haben Sie grausame Beifahrerinnen und Beifahrer erlebt, die Auskünfte gaben wie: »Ich glaube, die übernächste könnte es sein – oder wir hätten die vorige nehmen können. Vielleicht wäre das sogar besser gewesen ...« Als Sie dann schnaubend persönlich den Beifahrersitz und die Karte übernahmen, vermochten Sie auch nur kurz zu glänzen. Dann begannen Sie verwundert, das Blatt auf den Knien zu drehen und die Namen und Linien mit der Wirklichkeit draußen zu vergleichen. »Die Sonne ist ja links«, stellten Sie verblüfft fest. Ja, das kommt vor.

Die Beschilderungen in der Fremde sind selten so, wie wir sie brauchen. Da sind geistlose Orte verzeichnet, nicht die edlen, in die wir reisen wollen. Und die Vororte sind fast immer hässlich, ich meine die Gewerbegebiete, in denen wir landen, während wir das historische Zentrum suchen. Immerhin gibt es dort oft ein Hamburger-Restaurant. Und wir wollen von einem Land ja auch die weniger bekannten Seiten kennen lernen.

Es gehört einfach zum Urlaub: dieses beengende Gefühl, dass etwas nicht stimmt. Auf jeder Reise beschleicht uns irgendwo die Ahnung, wir hätten besser früher oder lieber gar nicht abbiegen sollen. Nun mögen wir nicht mehr umkehren und beruhigen uns gegenseitig, bis die kriechende Vermutung zur Gewissheit geworden ist.

In Metropolen sind wir bis zu einem bestimmten Punkt einigermaßen sicher, etwa bis zur U-Bahn-Station, an der wir aussteigen müssen. Dass es dann treppaufwärts geht, bewältigen wir auch noch in lockerer Souveränität. Oben erweist sich die

Stadt dann als verblüffend unübersichtlich. Die Gebäude sind erheblich höher und die Straßen viel chaotischer, als der sauber gedruckte Stadtplan vermuten ließ. Schilder haben die Straßen nie. Fragen hat keinen Sinn. Entweder wir verstehen die Sprache nicht. Oder wir können uns die sadistischen Wegbeschreibungen nicht merken.

Und manchmal ist schlicht keiner da. Etwa wenn wir im Skigebiet die richtige Spur verpasst haben oder nicht wussten, dass *»pista nera«* das Schlimmste bedeutet. Bretter abschnallen und abwärts stapfen kann nicht völlig verkehrt sein. Die Bergwacht können wir immer noch rufen, nur vor Einbruch der Dunkelheit wäre es peinlich.

Und wie ist das mit den Wanderkarten, die eine ypsilonhafte Verzweigung vorsehen, und dann kreuzen sich da sternförmig sechs Wege? Die hilfreichen Markierungen – Raute, Hütchen, Kreuz, Kreis, rot, grün, blau – werden wir frühestens entdecken, wenn wir einen Kilometer gewandert sind. Mit denjenigen auf der Karte stimmen sie ohnehin nie überein. Ach, und die schnurgeraden Dünendurchquerungen, die uns nach einer Stunde nicht ans Meer bringen, sondern an den Ausgangspunkt zurück. Die Kanäle, in denen wir entkräftet die Paddel sinken lassen. Die Canyons, Wälder, Tropfsteinhöhlen.

Selbst im Hotelzimmer kommt uns die Orientierung abhanden. Wenn wir nachts erwachen, können wir uns absolut nicht das dunkle Rechteck hinten erklären, ganz zu schweigen vom dämmerigen Quadrat links. Soll das ein Fenster sein? Aber da war nie ein Fenster! Oder wo sind wir? Beklemmung. Was ist das eigentlich alles? Und wer sind wir selbst? Ganz einfach: Urlauber. Auf Reisen.

Mofas, Mäher, Musikanten

Was war eigentlich das Erholsamste am Urlaub? Die Landschaft? Die Luft? Das Wasser? Ich würde sagen: die Stille. Sie erinnern sich? Oben auf dem Bergpfad? Nur das Geräusch der kleinen Steinchen, die sich bei jedem Tritt lösten und bergab kullerten. Gelegentlich der Schrei eines Wanderers, der hundert Meter tiefer davon getroffen wurde. Aber sonst: Schweigen. Majestätische Ruhe.

Erst bei der Rast am Gipfelkreuz war etwas zu vernehmen, tief unten aus dem Tal. Ein Moped. Sonderbar, war es getunt? Wir hörten es auf dem Bauernhof aufquäken, und dann mähte es sich mit sturem Näseln dreizehn Kilometer talabwärts Richtung Ebene, wo sich sein Sound im Rauschen der Autobahn verlor. Dann hatten wir Zeit, der Kreissäge zu lauschen, und von hier oben sahen wir endlich das Sägewerk, sogar überraschend weit entfernt von unserer Pension. Trotzdem beherrschte dieses Sägen unsere Tage. Wann ist endlich Schluss mit dem Abholzen der Wälder? Kann es wenigstens während unserer Ferien kurz unterbrochen werden?

Und warum bauen die Leute eigentlich unentwegt? Ich rede nicht von den berühmten Presslufthämmern, Baggern und Dampframmen, die unser Hotel für seinen Erweiterungsbau benötigt, unter dem Motto: »Wir bauen für Sie«. Nein, ich rede von entlegenen Dörfern in abgeschiedenen Provinzen, wo nur Pinien rauschen und Grillen zirpen dürften. Sobald wir dort Urlaub machen, beginnt jemand, ein Haus zu bauen. Mag es auch am anderen Ende des Dorfes sein, unablässig wird geklopft, geschabt, gehämmert. Plötzlich Ruhe. »Sie machen Pause!« Wir eilen auf die Terrasse zu unseren Liegestühlen. Siesta! Pinien rauschen, Grillen zirpen! Und dann hämmert der Lehrling Nägel ein. Er muss nachsitzen.

»Sonst ist hier alles so still«, sagen wir. »Nur deshalb fällt es uns auf!« Ja, ja. Aber ein Trost ist das nicht. In dem kleinen Piemonteser Seitental gibt es außer unserem modernisierten Bauernhaus in idyllischer Alleinlage rein gar nichts, lediglich eine kaum befahrene Straße. Man hört die Autos erst, wenn sie drei Kilometer oberhalb über den Pass kommen, und kann dann ihren Weg Richtung Kreisstadt verfolgen. Nach jeder Kurve geben sie Gas. Außerdem fallen die dilettantischen Schaltvorgänge auf. Warum fahren die Einheimischen nicht Automatik? Wieso haben sie überhaupt so brüllende Autos?

In Skandinavien werden die Leute nur laut, wenn sie betrunken sind, was zugegeben häufig der Fall ist. Im Süden gilt Lärm als männlich und als täglich zu bringender Existenzbeweis. Alle, die eine Hupe haben, hupen. Alle, die ein Martinshorn haben, lassen es jaulen. Alle, die einen Auspuff haben, entfernen den Schalldämpfer. »Unglaublich, diese Vitalität«, lächeln wir angestrengt. Unser Hotel in Florenz liegt in einer kleinen Seitenstraße. Aber der Live-Punk-Club auch. Die griechische Fähre hat so abenteuerliche Turbinen, dass wir unsere Unterhaltung auf Zetteln fortsetzen. Wir sind zufrieden, wenn sie nicht untergeht.

In Madrid stürzen wir nachts um vier ans Fenster. Ein Attentat? Nein, die städtische Müllabfuhr nutzt die ruhige Zeit, um Container krachen zu lassen. Warum läuten in Südfrankreich um fünf Uhr morgens die Glocken? Geht da jemand zur Kirche? Oder ist das eine Buße, die der Bischof dem Land auferlegt hat? Im israelischen Hotel schlafen wir weit, aber nicht weit genug, vom so genannten Sabbat-Fahrstuhl. Er fährt unablässig, hält auf jedem Stockwerk, aufwärts wie abwärts, öffnet jedes Mal geisterhaft die Türen und schließt sie wieder, die ganze Nacht. Auch tagsüber sehen wir nie einen frommen Menschen einsteigen, dem es untersagt wäre, die Knöpfe zu drücken. Oder wir sind einfach nicht mehr wach genug, es wahrzunehmen. In Indien beginnt um vier Uhr morgens die landesweite Beschallung mit Mantren und Hymnen aus Lautsprechern. Auf La Palma bellen verwilderte Hunde bis Sonnenaufgang. Dann kommen die Hähne.

Alle Laute, heißt es in den Psalmen, preisen den Herrn. So muss es gemeint sein. Also denken wir nicht mehr darüber nach, was da bei jedem Windhauch klappert. Keine Klage über Mofas, Mäher, Musikanten. Oder über die romantische Wassermühle, deren Knarzen und Rumpeln uns nötigt, aus Klopapier Ohrstöpsel zu formen. Selbst ohne Mühle sind einige Bäche zu laut. Die Natur selbst lärmt gern. Das Geschrei von Brüllaffen soll im Umkreis von fünf Kilometern zu hören sein. Im Urlaub reicht schon eine Zikade oder eine Taube vor dem Fenster oder zwei Siebenschläfer auf dem Dach. Oder eine Mücke, die im Inneren des Moskitonetzes summt.

Aber, ach, unser akustisches Gedächtnis ist gnädig. Zu Hause haben wir Ventilatoren und Generatoren und nächtliche Pumpen und Eismaschinen bereits vergessen. Und wenn dann unsere Nachbarin Klavier übt und der schlaflose Alte sein Schwerhörigen-Programm einschaltet, seufzen wir: Wie schön war es im Urlaub! Diese Stille!

Hauptsache Sitzplatz

Daheim ärgern wir uns über verspätete Züge, bekritzelte S-Bahnen, schaukelnde Busse. Aber wie seltsam, was für Gefährte wir dann im Urlaub besteigen! Fliegende Oldtimer von der Sorte: Nicht die Toilettentür zuknallen, sonst bricht das Heck ab. Züge, deren Räder seit Erfindung der Eisenbahn nicht überprüft wurden und deren Schienen man zum Bau einheimischer Hütten entwendet hat. Von Bussen südlicher Kontinente wissen wir, dass wir den Kopf keinesfalls ans Polster lehnen dürfen; sonst springen die Läuse über.

Doch im Urlaub bergen selbst Busse in gemäßigten Zonen hohe Risiken. Was sollen Liniennummern wie YV oder 1053a? Und die kryptischen Zielangaben? Warum steht nicht »Dom« dran oder »Topkapi«, wo wir hinwollen? Wir ringen uns durch und steigen in einen Bus, der an der Straße Richtung Kathedrale hält. Wir sehen bereits die berühmte Turmspitze. Plötzlich biegt er ab. Ein kurzer Schwenk? Geht es gleich wieder zurück auf die Strecke? Ja, er blinkt! Nein, er biegt in die entgegengesetzte Richtung! Im Rückfenster verschwindet die Altstadt. Und warum hält er jetzt nicht? Er fädelt sich in eine Schnellstraße ein. Die anderen Fahrgäste finden das normal. Wir schlucken. Jetzt hat er den oberen Rand unseres Stadtplans verlassen. Aber irgendwann hält er doch. Und von der stillen Vorstadtstraße gehen wir die sieben Kilometer zu Fuß zurück, sicherheitshalber, damit uns nicht der nächste Bus endgültig aus der Zivilisation transportiert.

Hätten wir ein Taxi nehmen sollen? In Deutschland verübeln uns die Fahrer jede Tour. Hier wittern sie sofort leichte Beute. Beim ersten Abbiegen von der Hauptstraße beschleicht uns ein banges Gefühl. Wäre nicht geradeaus richtig gewesen? Was ist das für ein Zickzack? Wieso sehen wir das Stadttor, an dem wir vor zwanzig Minuten eingestiegen sind, plötzlich wieder ganz nah, nur von der anderen Seite? Flatternd rufen wir dem Fahrer zu, dass wir genau an diese Stelle wollten, hier ist es perfekt, vielen Dank! Und sind froh, wenn er tatsächlich hält, und zahlen Lösegeld, weil er uns nicht in eine düstere Toreinfahrt zu wartenden Räubern gelotst hat.

Rikschafahrer in Asien wirken dagegen harmlos. Selbst wenn sie uns übers Ohr hauen, sind sie billig. Sie tun uns sogar leid, weil wir nicht rechtzeitig abgespeckt haben. Aber während der Fahrt durchs Gewühl ergreift uns ein koloniales Hochgefühl. Ach, einmal für zehn Minuten Imperialist sein! Andere Völker kennen diese Bedürfnisse. Sie hieven uns wie den Nabob auf einen Elefanten oder wie einen Stammeshäuptling aufs Maultier oder führen ein Kamel im Kreis, an dessen Höcker wir schlottern und zur Ablenkung überlegen, ob es nicht ein Dromedar ist.

Dergleichen nostalgische Verkehrsmittel, speziell für Touristen ersonnen, sind die wahre Herausforderung jeder Reise. So ganz freiwillig steigen wir nie ein. Doch dann sitzen wir im Doppeldeckerbus, der eigentlich oben offen sein sollte und auf dessen Plane nun der Regen trommelt. Oder in der Zahnradbahn, in der wir einen Sitzplatz ergattern; dann stürmt eine johlende Gruppe herein und nimmt uns jede Sicht. Im Sessellift schweben wir auf den Aussichtsberg; kurz vor der Zielstation brüllt ein Herr am Pfeiler: »Lächeln! Hier wird ein Foto gemacht!« Wir besteigen das Touristenschiff, das von der Anlegestelle erst nach links schippert bis zum Campingplatz, dann nach rechts bis zum Elektrizitätswerk; wenn es wieder anlegt, haben wir wenig gesehen, aber Apfelschorle zum Höchstpreis getrunken.

Vor den Gondeln in Venedig hat man uns gewarnt. Aber nun hebt der Gauner am Riemen tatsächlich zu singen an! Unaufgefordert! Erstens klingt es schauderhaft, zweitens kostet es extra, drittens lockt es Schaulustige herbei, die sich auf den Brücken sammeln und schadenfroh auf uns herabblicken. Ach, und all die Planwagen, die ins Watt aufbrechen, und die Heidekutschen, in denen man längs zur Fahrtrichtung sitzt und an frustrierten Mitfahrern vorbei in die Ödnis starrt. Im Wiener Fiaker sitzen wir, hoffnungslos underdressed und damit als Pleti entlarvt, hinter einem Kutscher in Schmäh und Melone.

Am tiefsten sinken wir in jenen so genannten Nostalgiebahnen, die, grell als Touristenattraktion geschminkt, durch Altstädte rollen. Wir kriechen hinein wie in ein Kinderkarussell. Eine Kette wird vorgelegt, damit wir nicht weglaufen. Der Fahrer bimmelt. Auf Miniaturgummirädern geht es im Schritttempo voran. Dumpf tönen Erläuterungen vom Band. Eine bedrückte Schar von Leidensgenossen sitzt Knie an Knie und krümmt sich, um unter der Plane einen Blick zu erhaschen auf das, was sowieso nicht sehenswert ist. Einheimische Passanten, auf dem Weg ins Geschäft, überholen uns zu Fuß. Aus ihren Blicken spricht schmerzliches Mitgefühl, als betrachteten sie eine Sträflingskolonne. Sie fragen sich, wie es so weit kommen konnte mit uns und was wir getan haben.

Naja, eigentlich nichts Böses. Wir haben nur Eintritt gezahlt. Für uns ist das Urlaub.

Keine Lust auf Machu Picchu

Nur Anfänger sind stolz auf das, was sie in aller Welt gesehen haben. Fortgeschrittene Reisende sind stolz auf das, was sie auslassen. Ich erinnere mich, wie es meinem Cousin vor geraumer Zeit gelang, eine größere Gesellschaft zu schocken. Jeder hatte von den Höhepunkten seines Reisejahres erzählt – Kaiserpalast, Angkor Wat, Great Barrier Reef. Nun wurde mein Cousin aufgefordert, von seiner Peru-Reise zu erzählen. Nach Machu Picchu hatte es nämlich noch keiner geschafft.

»Machu Picchu?«, fragte er müde zurück. »Das habe ich ausgelassen. Das ist doch nur was für Touris.« Schlucken, Erstaunen, gedämpfter Protest. Wovon mein Cousin stattdessen erzählte, habe ich vergessen. Mir fiel nur auf, dass er im Ansehen der anderen gestiegen war. Mochte man sein Sakrileg auch tadeln, es machte ihn zu etwas Besonderem. Er hatte offensichtlich eine hohe Stufe des Reisens erklommen.

Inzwischen habe ich ihm nachgeeifert. Und ich nehme an, Sie tun das auch. Machen Sie Ihr Foto dort, wo alle es machen, weil es der Reiseleiter empfiehlt? Nein. Sie suchen einen originellen Winkel. Postieren Sie Ihre Begleitung in London neben einen königlichen Wachsoldaten? Nein. Sie machen es anders. Weil Sie selbst etwas Besonderes sind. Genau wie ich.

Sie und ich, wir tun nicht das, was alle tun. Wir stellen uns nicht in eine siebenfach gewundene Warteschlange, um die Kronjuwelen zu sehen. Wir müssen in Eisenach nicht auf die Wartburg und in Paris nicht auf den Eiffelturm. Und eine Gondelfahrt in Venedig können wir uns locker verkneifen. Wir pilgern in Kopenhagen nicht zur Meerjungfrau. Wir müssen in Florenz nicht die Uffizien besuchen. Oder in Istanbul die Hagia Sophia. Obwohl – da wird es schon schwierig.

Greifen wir nicht gleich zu hoch! Nur behutsam können wir uns zu jener Meisterschaft entwickeln, die im Weglassen besteht. Wir beginnen mit einfachen Schritten. In München lassen wir das Oktoberfest aus, in Hamburg die Reeperbahn, in Berlin den Reichstag. Wir kaufen in England keine Toffees, in Paris kein Parfum, an der Ostsee keinen Bernstein. Wir kommen aus Dänemark zurück, ohne Pølser gegessen zu haben, verzehren in Wien keine Sachertorte, in Marseille keine Bouillabaisse und durchqueren die Pfalz ohne Saumagen. Das sind erste Schritte. Sie sind noch leicht. Deshalb ernten wir leider auch wenig Anerkennung dafür.

Beachtlicher ist es schon, wenn wir Amsterdam ohne Grachtenfahrt hinter uns bringen, in der Schweiz beharrlich im Tal bleiben und Schottland ohne Whiskyprobe bereisen. Hier merken wir auch: Besonderheit hat ihren Preis. Alle drängeln sich zum Tagesausflug an die Küste, um den berühmten Löwenkopf-Felsen zu bewundern, in dessen Auge die Sonne untergeht. Wir brauchen das nicht. Doch wenn bei der Rückkehr alle schwärmen, beschleichen uns Zweifel.

Glauben Sie mir: Diese Anfängerschmerzen weichen bald einer unerschütterlichen Gelassenheit. Ich habe in Florida auf die Everglades verzichtet, in Barcelona auf die Sagrada Familia, und auf der Südseekreuzfahrt verweigerte ich die Äquatortaufe. Es hat mir gut getan. Genau genommen wurde ich bei der Äquatortaufe übersehen. Aber als ich später erklärte: »So etwas bedeutet mir nichts«, spürte ich, wie die anderen sich in ihrem Banausentum ertappt fühlten.

Das hat mich ermutigt. In Athen bin ich dann nicht auf die Akropolis gestiegen, sondern habe die Gruppe wissen lassen: »Ich sehe mir inzwischen das wahre Athen an.« Das war zwar alles andere als sehenswert. Aber die Gruppe beäugte mich mit scheuer Ehrfurcht.

Schwierig wurde es am Taj Mahal. Und problematisch an den Niagarafällen. In Schweden fanden meine Mitreisenden es noch witzig, dass ich mich ausgerechnet in der Mittsommernacht schlafen legte. Für mein Motto »Ägypten ohne Pyramiden« erntete ich Anerkennung, für »Weimar ohne Goethe« sogar Beifall. Doch als ich an den Niagarafällen meiner Familie auf dem Großparkplatz C nahe legte: »Seht ihr euch das ruhig an, ich vertreibe mir inzwischen hier die Zeit«, bemerkte ich ein leichtes Befremden.

Es verstärkte sich in Pisa, das ich – »aber ihr könnt gern hingehen« – gänzlich ohne schiefen Turm abwanderte. Und anscheinend war es zu viel, als ich auf den Osterinseln keine einzige dieser Kopfstatuen besichtigen wollte, mit der edlen Begründung meines Cousins: »Das ist was für Touris.«

Nach meinen Maßstäben hatte ich damit die höchste Meisterschaft im Weglassen erreicht. Aber ich kann nicht leugnen, dass neuerdings auch meine Mitreisenden eine Stufe in dieser Kunst erklommen haben. Sie lassen *mich* weg. Ihr Motto heißt neuerdings: »Reisen ohne dich.«

Was ist davon zu halten? Meinen Cousin, den einzig Ebenbürtigen, konnte ich nicht um Rat fragen. Als ich ihn heute anrufen wollte, erfuhr ich: Er ist nach Machu Picchu gefahren.

Was ist nur aus unserem Ort geworden?

Stimmt das, was mir da zu Ohren gekommen ist? Sie haben in diesem Jahr schon wieder den Ort gebucht, den Sie längst kennen? Da waren Sie doch schon zwei- oder dreimal? Das ist ein bedenkliches Zeichen. Offenbar lässt Ihre Spannkraft nach. Sie sind nicht mehr so flexibel. Sie scheuen das Risiko des Neuen. Lassen sich nicht mehr auf das Abenteuer des Unbekannten ein.

Danke. Mir geht es genauso. Auch ich bin schon wieder in dieses Kaff gefahren, wo wirklich nicht viel los ist, wo ich aber wenigstens weiß, an welcher Ecke ich abbiegen muss und wo ich Brötchen holen kann. Ich finde das erholsam. Ein paar mittlere Berge ragen in den Himmel. Ich sehe sie mit Wohlgefallen, weil ich weiß: Da muss ich nicht noch einmal hoch. Es gibt gepriesene Relikte aus keltischer oder römischer Zeit. Ich habe sie bereits beim ersten Urlaub ausreichend gewürdigt.

Kirchen, Villen, Viadukte mögen in der weiteren Umgebung locken. Ich muss da nicht mehr hin. Zumal ich die Scheußlichsten davon bereits zweimal gesehen habe, das zweite Mal übrigens mit meiner jetzigen Frau. Dass es für mich das zweite Mal war, habe ich ihr aus Diskretion verschwiegen. Ich weiß noch, wie beeindruckt sie war, als ich intuitiv die richtigen Wege fand und mit fabelhaftem Orientierungssinn Landmarken am

Horizont benannte. »Das müsste der Kirchturm von Roussillon sein.«

Ihre Bewunderung erfuhr einen Dämpfer, als sie – durch die übertriebene Begrüßung eines Hoteliers – herausbekam, dass ich nicht zum ersten Mal in der Gegend war. Blitzschnell errechnete sie, mit wem ich hier gereist sein musste. Bei dieser Gelegenheit konnte ich zweifelsfrei feststellen: Eine Frau mag es nicht, wenn ein Mann mit ihr an ein Ziel reist, das von einer anderen bereits abgenutzt ist. Sie selbst wäre nie auf die Idee gekommen, ihm eine derartig entweihte Gegend zuzumuten.

Nun hilft alle Souveränität nichts mehr, mit der er sie durch die Landschaft führt. Das Gefühl der Einmaligkeit ist hin. Sie möchte zum ersten Mal mit ihm durch die romantische Gasse gehen und vom hohen Turm ins Weite schauen. Fehlt dieses Gefühl, ist jede Geldausgabe verschwendet. »Damals hast du sie wahrscheinlich auch hier zum Essen eingeladen«, bemerkte meine Frau.

Ein Mann tut also gut daran, sich für jede Partnerin ein neues Reiseziel auszudenken. Oder aber bei derselben Partnerin zu bleiben. Für mich hat sich Letzteres als weniger aufwändig erwiesen. Meine Frau hat sich damit abgefunden, dass wir bekannte Orte mehrmals aufsuchen. Eigentlich möchte eine Frau immer etwas Neues sehen. Aber ein Mann will in Ruhe gelassen werden, auch von Reisezielen, und sie gibt nach, um der Gemeinsamkeit willen. So sind wir in manches Land nur gefahren, weil ich noch Münzen aufbewahrt hatte, die ich ausgeben wollte, meist etwa im Wert von zehn Euro. Dann haben wir Orte meiner Kindheit erkundet. Dass die Dünen nicht so hoch waren wie ehemals und der Wald nicht so tief und dunkel, war schmerzlich genug. Dass jedoch die alte Dame nicht mehr da war, die den Kiosk betrieb, und der Kiosk selbst nicht mehr, ja, dass es nicht mal mehr die Eissorten gab, die damals verkauft wurden, musste ich als persönliche Kränkung empfinden.

In solchen Symptomen zeigt sich ein Virus, der keinen Ort verschont, den wir zum zweiten Mal besuchen, auch wenn wir ihn nur einen Sommer lang aus den Augen lassen: das Virus der Veränderung. Wir möchten nichts weiter, als dass es genau so ist, wie alle Reisereportagen uns einhämmern, nämlich, »als sei die Zeit stehen geblieben«. An unseren Lieblingsorten merken wir: Die Zeit steht nirgends. Schon dass die Ankunftshalle am Flughafen erweitert wurde, erregt unser Missfallen. Draußen stellen wir fest, dass neue Straßen gebaut werden. Unseretwegen müsste das nicht sein. Und jetzt drehen sich auch hier Windräder. Was denken die Leute sich dabei? Unser kleiner Ort müht sich, den so genannten Anschluss an die Gegenwart zu finden. Die Straße vor den Läden ist schick gepflastert.

Falls wir in Griechenland sind, kleben an den schönen weißen Häuschen nicht mehr, wie noch vor Jahren, Schwalbennester, sondern Satellitenschüsseln. Man hat uns nicht um Erlaubnis gefragt. Wir pilgern zur Taverne, von deren Lammbraten wir daheim den Freunden vorgeschwärmt haben. Sie hat dichtgemacht. Der Winzer, der uns letztes Jahr fast zur Familie zählte, starrt uns fremd und verständnislos an.

Nun zeigt sich, dass es keineswegs sicherer ist, an einen vertrauten Ort zu reisen, es ist riskanter. In die erste Euphorie des Wiedererkennens – jetzt kommt der Stausee, dann die alte Mühle – mischt sich bald Unbehagen. Schon beim zweiten Mal sind wir kritischer, werden sparsamer und fühlen uns schneller gelangweilt. Nächstes Jahr machen wir aber mal was anderes, sagen wir, wenn sich die Zeit bis zur Abreise sonderbar dehnt.

Aber dann geht ein Jahr herum, und wir verspüren wenig Lust, uns durch neue Prospekte zu wühlen. Es kommt uns doch ganz schön vor, wie es war. Und wenn wir nicht gerade den Partner gewechselt haben, fahren wir wieder hin.

Regen ist gut für die Haut

Schon zu Hause lieben wir den Regen. Wenn die Tropfen lustig gegen das Fenster trommeln und die Dachrinne gurgelt, das ist immer eine Freude. Aber richtig schön wird Regen erst im Urlaub. Denn nun haben wir Zeit, ihn ausgiebig zu genießen. Und meist hat er etwas Ausgiebiges. Reiseführer und Katalog behaupten zwar, unser Urlaubsort habe um diese Zeit stets die meisten Sonnenstunden des Jahres. Die Bauern klagten regelmäßig über Dürre. Jedoch nicht, wenn wir zu Gast sind. Dann regnet es.

Nun, wir lieben Überraschungen. Besonders unterwegs. Wenn wir kilometerweit durch die Dünen an den Strand gepilgert oder wenn wir im Boot weit hinaus auf den großen See gepaddelt sind, oder wenn wir auf dem Gipfelgrat wandern, und wenn sich dann plötzlich der Himmel verdunkelt und uns wenig später mit seinem Reichtum überschüttet, dann fühlen wir uns gesegnet. Vielleicht nicht im ersten Augenblick. Bei bedrohlicher Verdüsterung, erst recht bei vereinzelten Riesentropfen, versuchen wir noch feige, unsere Sachen zusammenzuraffen, vor allem die frisch gepinselten Aquarellblätter. Wir legen uns in die Riemen oder sehen uns nach einem Baum oder Dach um.

Aber nach einiger Zeit legen wir die höchste Tugend an den Tag: die Hingabe an das göttliche Geschehen. Anfangs ärgern wir uns noch, dass die Schuhe aufquellen, die Haare platt auf der Stirn kleben und das Wasser in den Kragen sickert. Wir finden es peinlich, dass die Hose von Schlammspritzern besudelt wird, aber wenn sie erst durchnässt an den Beinen klebt, ist das egal. Wir sind ja im Urlaub. Und das bedeutet auch: Der Regen ist intensiver. Nicht so unentschieden und gezähmt wie daheim. Nein, an Ferienorten regnet es immer wie in den alten Zeiten, als Regen wirklich noch Regen war.

Und obgleich die Pensionswirtin behauptet, es gieße hier zuerst heftig, klare dann aber schnell wieder auf, gießt es zuerst heftig und regnet sich dann ein. Die über die Heizung gelegten Socken bleiben feucht. Jetzt wird uns verständlich, weshalb jede Menge Spieleschachteln im Schrank sind, allesamt mit Scrabble, Mühle, Dame, Halma und Schach für geistvolle Abendstunden. In den reichlich vorhandenen Rätselheften füllen wir die wenigen verbliebenen Lücken. Die Zeitschriften erweisen sich als alt, von verzweifelten Besuchern des Vorjahres gespendet, aber die Beziehungsratschläge und Diätvorschriften gelten noch immer. Schön, dass wir mal zur Lektüre kommen.

Am Fenster bilden sich wissenschaftlich erforschenswerte Tropfenstraßen. Der Horizont hellt gelegentlich auf, aber das bleibt ohne Einfluss auf das Wetter. Wir bestätigen uns gegenseitig, dass die Bauern sich freuen und die Natur aufatmet. Und dass gerade bei Nässe die Landschaft ihren eigentümlichen Charme offenbart. Außerdem ist Regenluft frei von Pollen und gesund für die Haut. Am vierten Tag gehen wir zur Kiemenatmung über und patschen hinaus.

Möglich, dass die kleine Stadt schöne Giebelhäuser aufweist. Wir lernen sie nur bis zum unteren Rand des Regenschirms kennen. Sehr ansprechend, wie hier der Fußweg gepflastert ist. Im

Rinnstein ideale Strömungsverhältnisse für Papierschiffchen. Schaufenster gibt es auch. Weil wir gerade nicht in Bern sind, das man in Laubengängen trocken durchquert, treten wir gelegentlich in einen Laden ein und täuschen Interesse an den Auslagen vor. Beschlagene Brillengläser werden unter Aufsicht des Verkaufspersonals in Ruhe trockengerieben. Und wie magisch zieht es uns ins lokale Museum, wo wir unsere durchnässte Kleidung einer Garderobiere aufnötigen können. Nie haben sich so viele Touristen für Vor- und Frühgeschichte interessiert wie in diesen Tagen. Alle dünsten dieselbe warme Nässe aus. Feuchte Wolle riecht genauso, wie der Weißwein der Gegend schmeckt.

Abends füllen wir ihn uns trotzdem ein, wenn wir der Wetterkarte entnehmen, dass es weiter südlich noch viel stärker regnet, mit Erdrutsch, Stromausfall und umstürzenden Bäumen. Nur in Deutschland, speziell in der Gegend, aus der wir kommen, bleibt es sonnig und trocken. Wenn wir später den Daheimgebliebenen wahrheitsgemäß erzählen, was wir erlebt haben, werden sie uns heuchlerisch bemitleiden und mit Weisheiten glänzen wie: »Es gibt kein falsches Wetter, nur falsche Kleidung.«

Deshalb färben wir unseren Bericht lieber gleich positiv. Ja, es hat mal einen erfrischenden kleinen Schauer gegeben, aber der war gleich wieder vorüber. Und nachts hat es mal geregnet. Das gefällt ihnen. Und bald fahren sie auch an unseren Urlaubsort und ärgern sich, dass wir alle Kreuzworträtsel gelöst haben.

Kontakt mit Einheimischen

Was früher nur kühnen Entdeckern und wagemutigen Forschern glückte, gelingt auf Reisen auch uns: Wir nehmen Kontakt mit der eingeborenen Bevölkerung auf. Mit den so genannten Einheimischen. Das tut uns gut. Und der Bevölkerung erst recht. Etwa wenn wir an der Reling lehnend auf unserem Kreuzer den Fluss hinabgleiten, und die Fischer oder Reisbauern stehen am Ufer. Wir winken großherzig, sie winken zurück. Na, bitte. So einfach ist Völkerverständigung. Wir begeben uns zufrieden zum Abendessen.

Wenn wir auf der Studienreise aus dem Bus klettern, um die Karawanserei zu bestaunen, kommen die eingeborenen Händler zwar etwas zu nahe, doch wenn wir ihnen ein Kettchen abkaufen, klopfen sie uns auf die Schulter und loben Deutschland. Das ist erleichternd nach allem, was wir über uns selbst gedacht haben. In südlichen Ländern fühlen wir uns wunderbar aufgenommen im kleinen Wirtshaus, das zugleich Laden und Wohnzimmer ist, wo das Kind Schularbeiten macht, während die Mutter kocht und der Vater die Flaschen entkorkt.

Die Großmutter in Witwenkleidung putzt das Gemüse und lächelt zahnlos. Einzelne Vokabeln fliegen hin und her, keiner kapiert, worum es geht, aber jeder nickt. *»Dentista, si, si!«*, versprechen wir und deuten auf die Großmutter. *»Nuevo,* kein

Problem! Unser Freund ist Zahnarzt, den bringen wir nächstes Mal mit!« Wir sind nicht sicher, ob sie es verstanden haben, aber sie freuen sich. Die Großmutter lacht glücklich. Wir fühlen uns wie Albert Schweitzer.

Nach Afrika oder Indien, hat man uns geraten, sollen wir Luftballons und Kugelschreiber mitbringen, jedenfalls für die Kinder. Das kommt tatsächlich gut an. Es gelingt uns, mehrere farbintensive Fotos zu machen, auf denen wir, von lachenden Kindern umringt, Luftballons aufblasen. Von Lady Di gab es auch solche Bilder. Denn so etwas ist tatkräftige Hilfe für die Dritte Welt. Unsere Freunde werden uns bewundern für diesen Einsatz.

In Dubrovnik, auf der Suche nach einer Alternative zum Hotel, erklärt uns die Dame im Tourismusbüro, sie vermiete selbst ihre Wohnung. Wir könnten gleich hingehen, ihre Mutter sei da. Wenig später sinken wir auf den Grund eines Plüschsofas in einer ehemals großbürgerlichen, nun hoffungslos zugerümpelten Wohnung. Es riecht äußerst eigenartig. Eine freundliche Greisin in Nachthemd und Bademantel schiebt uns einen Teller Speck hin und deutet bedauernd auf ihr Herz. Offenbar ist sie nicht mehr ganz gesund.

Wir haben leider nur Aspirin dabei, treten ihr aber gern zwei Stück ab, wenn wir dafür wieder gehen dürfen und den Speck nicht essen müssen. Zur Versöhnung loben wir schnell noch die Püppchen, Strohblumen, Rosenkränze und glühenden Gemälde: »Sehr schön haben Sie es hier!« Ohne dass wir sie verstanden hätten oder sie uns, gehen wir wieder, lächelnd, nickend, winkend.

Aber Verständnis hängt ja nicht von Worten ab. Völkerverständigung geschieht von Herz zu Herz, hat Mutter Teresa immer gesagt, und auf ihrer Höhe fühlen wir uns im Kontakt mit Einheimischen. In Budapest spricht uns in der Kirche ein alter Mann an, ob wir etwas über das Bauwerk wissen wollten. Eigentlich nicht. Aber er erzählt gleich. Und dabei wird er so weitschweifig, dass wir ihn, um die Sache zum Abschluss zu bringen, nach Deutschland einladen. Unsere Adresse rücken wir aber doch nicht so gern heraus. Lieber soll er uns seine geben. Wir werden dann schreiben.

In Griechenland zeigt uns ein unrasierter Hirte den überwucherten Eingang zu einer antiken Höhle. Um den Mann nicht zu beleidigen, klettern wir in das kalthauchige Verlies voller Würmer und Echsen. Hinterher schenken wir ihm Geld und ewige Freundschaft, aus Dankbarkeit, dass er nicht die Steinplatte über den Eingang gewälzt hat. Er darf uns gern seine Adresse geben, wir empfehlen ihn weiter, ganz bestimmt.

Im Elsass steigen wir ins Auto der eigentlich harmlosen Zugehfrau. Sie will uns die Gegend zeigen. Nach wenigen Kilometern fragen wir uns, ob wir das wirklich alles sehen wollen, und vor allem, ob wir zuhören müssen. Weinberge und Sehenswürdigkeiten treiben unbeachtet vorüber, während sie ohne Unterbrechung aus ihrem Leben erzählt, besonders von den Problemen ihres Sohnes, der immer an die falschen Frauen gerät.

Und, sonderbar, so etwas prägt sich ein. Kathedralen, Paläste, Triumphsäulen verblassen. Aber die freiwilligen und vor allem die unfreiwilligen Begegnungen mit Einheimischen bleiben. Sollen wir diesen Leuten nun auch noch schreiben, wie wir versprochen haben? Nein. Wir haben genug getan für die Völkerverständigung. Und zu Hause haben wir eigentlich auch keinen Kontakt mit Einheimischen.

Katzentisch und Einzelzimmer

Wer allein reist, muss tapfer sein. Muss Zuschlag fürs Einzelzimmer hinblättern. Sich gegen Blicke wappnen. Beim Schwimmen die Sachen unbewacht am Strand lassen. Und wird an hellen Abenden, wenn andere feiern, von Wellen der Melancholie heimgesucht. Allein im Urlaub – das ist so ähnlich wie allein unterm Tannenbaum. Geschenke sind möglich. Aber man muss sie sich selbst überreichen. Ich rede nicht von Club-Urlaub oder von jenen organisierten Single-Reisen, deren Prospekt die Möglichkeit verspricht, »Anschluss« und »Kontakt« zu finden.

Ich meine das gewöhnliche Alleinreisen. Nach jedem Urlaub mit anderen sehne ich mich danach. Und doch verlässt mich im Ernstfall der Mut. Schon auf der Busfahrt zum Bahnhof schaltet das innere System auf erhöhte Alarmbereitschaft. Die Wahrnehmung wird empfindlicher – die Wahrnehmung der anderen und die des eigenen Verhaltens. Wer zu zweit reist, macht sich darüber keine Gedanken; er bildet mit dem anderen eine Insel gegenseitiger Bestätigung. Wer zu dritt reist, fühlt sich sogar berufen, Scherze zu treiben, und beherrscht mit den Gefährten gleich den ganzen Bus oder den Strand oder Aussichtspunkt. Von größeren Cliquen wollen wir gar nicht erst reden.

Wer allein reist, ist all diesen Gruppen ausgesetzt. Er beobachtet sie, auch wenn er Gleichgültigkeit vortäuscht, und fühlt sich selbst beobachtet. Beim Hotelfrühstück bleibt nur der Platz am Katzentisch, oft fern von Wand oder Fenster mitten im Fokus des Raumes, wo sich die Blicke bündeln. Fluchtmöglichkeiten bieten allenfalls die ausliegenden Zeitungen und der Gang zum Buffet.

Das Abendessen gar, besonders in gepflegten Restaurants, wird zum Härtetest der Souveränität. Mögen die Gespräche an den anderen Tischen kreuzdumm und oberflächlich sein – sie verleihen den Pausen zwischen den Gängen wenigstens einen Sinn. Der Alleinreisende ist mit der Pause allein. Ich lege meist einen Zettel neben den Teller und mache mir zur Ablenkung Notizen allerhöchster Wichtigkeit. Oder studiere mit brennendem Interesse den Reiseführer, als hätte ich wahrhaftig Besseres zu tun, als meine Zeit mit anderen Leuten zu verplempern. Oder ich verwickle den Kellner, der eigentlich keine Zeit hat, in ein Gespräch über seine Krawatte. Das überbrückt die Leere und verleiht eine gewisse Daseinsberechtigung.

Bin ich ein Sonderfall? Nein. All die dröhnenden Handy-Gespräche in Zügen, Wartehallen, Promenaden dienen nur diesem selben Beweis: dass hier einer zwar gerade allein, aber keineswegs überflüssig ist. Er wird gebraucht, zumindest woanders – wenn schon nicht hier, wo keiner seine Bedeutung erkennt. Ich habe selbst schon zum Handy gegriffen, wenn mir die Fremde zu fremd wurde. Oder wenn ich überwältigt war von Schneegipfeln und Abenddämmerung und von einer Idylle aus Kühen und Katenrauch. Begeistert schilderte ich den Daheimgebliebenen die friedliche Stimmung und den kristallenen See. Leider war das Echo aus der Heimat gedämpft. Ich hörte kaum Anteilnahme, allenfalls Toleranz. Bald wünschte man mir weiterhin viel Spaß und auf Wiedersehen. Da war mein Enthusiasmus allerdings auch schon verpufft.

Als Alternative habe ich entdeckt, dass Selbstgespräche sehr anregend sind, etwa auf einsamen Bergpfaden. Nur stelle ich sie wohl zu spät ein, wenn Wanderer entgegenkommen; sie weichen immer scheu zur Seite aus und drehen sich dann aus sicherer Entfernung befremdet um. Ein unverdächtigeres Ventil bieten Heu wendende Bauern, die man über das Wetter befragen kann, Bedienstete in Cafés oder Staub wischendes Personal. Ich habe da schon Details aus meinem Familienleben preisgegeben, die nicht einmal meiner Frau bekannt sind.

Wer allein reist, muss immer wieder beweisen, dass mit ihm ansonsten alles in Ordnung ist. Deswegen erwähne ich hier meine Frau. Wenn ich am Ende erleichtert zu ihr und zu Freunden zurückkehre, fühle ich mich als abenteuerlicher Held, der die ganze Wucht der Einsamkeit ausgehalten hat. Nun schwärme ich den anderen vor, wie speziell das Alleinreisen ist, wie viel mehr man wahrnimmt, weil man ja der Fremde ungeschützt ausgeliefert ist und sich nicht abschotten kann in gewohnte Zweisamkeit. Die anderen nicken und wissen es besser. Und freuen sich oder nehmen resigniert zur Kenntnis, dass ich bis auf weiteres wieder mit ihnen zusammen reise.

Fastenkur

Gewöhnlich freuen wir uns auf eine Reise. Sie ist der Lohn. Doch manchmal ist es angezeigt, dass wir uns bestrafen – und zwar bevor das Schicksal es tut. So buchen wir eine Fastenreise. Eine vieltägige Entschlackungs-, Entgiftungs- und karmische Reinigungskur. Egal, ob wir uns für Mayr, Schnitzer, Bruker, Buchinger oder für vedische Abkochungen entscheiden, ein Vergnügen wird es auf keinen Fall. Gefasst und tapfer betreten wir das Fastenhotel. Das Personal lächelt schief; es hält uns für falsch ernährt. Helles Holz und handgewebte Naturstoffe sollen uns aufheitern.

Doch an den schwermütig herumschlurfenden Gästen und ihren Wärmflaschen erkennen wir: Es wird ernst. Tatsächlich bekommen wir ein niederschmetterndes Programm überreicht. Worte wie »Leberwickel« und »Reisschleim« verheißen nichts Gutes. Schweigen wir vom »Irrigator«, der »an der Rezeption auch als Reise-Set erhältlich« ist.

Wir treten auf den Balkon und sehen in neblige Wipfel. Ein Eichhörnchen schaut aus der Freiheit herüber. Unbeschwertes Geschöpf! Du sammelst pro Woche genügend Nüsse für anderthalb Gläser Nutella! Das müssen wir jetzt vergessen.

Wir schauen uns im Haus um. Sind die Leute, denen wir hier begegnen, eigentlich alle älter als wir? Oder sehen sie nur so aus, weil sie schon ein paar Tage länger da sind? Während im so genannten Speisesaal Gemüsebrühe ausgeschenkt wird, kreist das Gespräch um Verdünnungen, Pulsdiagnosen und den vorbildlichen Lebensweg des Fastenarztes. Abends hält er lebenspraktische Vorträge.

Falls wir Ayurveda gebucht haben, finden wir heraus, ob wir Vata, Kapha oder Pitta sind, und erfahren, dass die indische Bevölkerung traditionell auf Panchakarma-Kuren schwört. Komisch, dass diese Bevölkerung eine derartig niedrige Lebenserwartung hat. Oder ist das ein gutes Zeichen?

Wir lernen bald, unsere herkömmlichen Vorurteile zu revidieren. Die enervierende Schlaflosigkeit ist ein Beleg unserer innewohnenden Energie! Ohrensausen, Schwindelanfälle, Magenkrämpfe, rasende Kopfschmerzen sind ermutigende Indizien! Nur für den schlingernden Kreislauf sollen wir etwas tun.

Bei Regen Sonnengruß, Kobra und Pflug. Bei Trockenheit geht es hinaus auf Kieswege und Waldpfade, zunächst in kleinen Leidensgemeinschaften. Vom dritten Tag an in philosophischer Einsamkeit, denn es riecht seltsam; entweder aus unseren oder aus den andern Poren. Beliebte Ziele sind das Brunnenhäuschen, die Jahrhundert-Eiche und das denkmalgeschützte Wasserrad. Unserer schwindenden Hirnsubstanz reicht das als Anregung.

Im Übrigen merken wir, dass es keinen Sinn hat, Tabus aufrechtzuerhalten. Gewöhnlich verschwiegene körperliche Vorgänge sind vom vierten Tag an bevorzugtes Tischgespräch. Jeder weiß jetzt, wie dünnflüssig der andere inzwischen ist. Man spricht sich Mut zu und wartet auf die berühmte Fasten-Euphorie. Irgendwann soll der Körper, im Glauben, es gehe zu Ende, aufmunternde Halluzinogene ausschütten. Beim greisenhaften

Nachbarn ist es schon so weit; nachts hören wir ihn durch die dünne Wand seufzen.

Wir telefonieren nach Hause und empfehlen den feige Daheimgebliebenen, morgens mit Sonnenblumenöl zu gurgeln. Dazu haben sie keine Lust. Sie bewundern uns lieber mit durchschaubarer Heuchelei.

Wir ziehen uns in den »Raum der Stille« zurück und zweifeln meditativ am Sinn des Lebens. Aber irgendwann schließt sich der Zyklus der abendlichen Vorträge wieder bei »Ursachen von Gesundheit und Krankheit«. Und das bedeutet: Es ist Zeit abzufasten. Wir bekommen einen Zettel überreicht mit dem Leitwort »Jeder Dumme kann fasten, aber nur ein Weiser kann das Fasten richtig brechen«. Und grüßen den erhaben auf dem Frühstücksteller ruhenden Apfel.

Während wir jeden mürben Bissen zwanzigmal kauen, rechnen wir durch, was wir hier pro Tag bezahlt und was wir eigentlich dafür bekommen haben. Und wir können nicht mal heimlich was mitgehen lassen, nur Knäckebrot.

So kaufen wir den Reise-Irrigator inklusive Vorratspackung Glaubersalz als Mitbringsel und versprechen dem Fastenarzt, unsere Ernährung fortan nach seinen Richtlinien umzustellen. Als bemitleidete Helden kehren wir heim. Der Fastenarzt hat behauptet, wir seien jetzt zehn Jahre jünger. Niemand bemerkt es. Um unsere gewandelte Einstellung öffentlich zu bekennen, kaufen wir Gemüsebrühwürfel, Sprossensamen und Aloe Vera. Hoffentlich ist das alles lange haltbar. Denn eigentlich sind wir inzwischen genug gestraft. Haben wir nicht sogar im Voraus gebüßt?

Aber ja! Nach dieser Reise dürfen wir, müssen wir sündigen! Enthusiastisch rufen wir unser Lieblingsrestaurant an. Düstere Stille. Es hat inzwischen Pleite gemacht.

Reisen heißt Suchen

Edle Philosophen behaupten, das ganze Leben sei eine Suche. Das ist übertrieben. Obwohl oft viel Zeit vergeht mit der Suche nach der Fernbedienung und nach der Keksdose. Aber dass die ganze Reise eine Suche ist, das trifft schon eher zu. Deshalb ist sie nie so erholsam, wie wir vorher gedacht haben und wie wir es hinterher anderen erzählen.

Wir verlieren wertvolle Nervenkraft beim Durchwühlen unserer Taschen nach Ausweisen und Tickets, forschen mit unterdrückter Furcht nach Abfertigungsschaltern, Bahnsteigen, Gates. Schleppen schwere Koffer hin und her, weil niemand weiß, wo die Schließfächer sind. Suchen auf Autobahnschildern nach unserem Zielort und verpassen die richtige Abfahrt. Halten Ausschau nach Leuten, die uns verstehen könnten. Ziehen uns eine Genickstarre beim Entziffern fremder Anzeigetafeln zu. Wir bekommen jenen suchenden Blick, den Diebe und Betrüger so sehr an uns lieben.

Falls wir einen Leihwagen bestellt haben, suchen wir erst mal die Ausfahrt vom Parkhof. Und dann den Weg in die Stadt. Wir können nicht vor jedem Schild halten, um die Angaben zu dechiffrieren und sie mit den Namen auf der Karte zu vergleichen, also verfahren wir uns. Wenn nicht gleich am Anfang, dann spätestens in der Stadt. Etwa wenn wir auf der Suche nach einem

Parkplatz durch Fußgängerzonen rumpeln oder uns hügelauf in Altstadtgassen verirren, die so eng werden, dass wir schließlich nicht mal mehr aussteigen können.

Falls wir den Bus vorziehen, stellen wir fest, dass zwar überall Zielorte dranstehen, aber die sagen uns absolut nichts. Wir finden sie auch nicht auf dem Stadtplan. Einfach irgendwo einsteigen, um in Bewegung zu kommen? Falls die Busnummer richtig ist, fahren wir bestimmt in die falsche Richtung. Und wo kriegt man eigentlich Fahrscheine? Beim Fahrer nicht, der sitzt verschlossen hinter Panzerglas. Müssen wir wieder aussteigen und einen Kiosk suchen? Werden Fahrkarten nur dort verkauft, wo ein unbekanntes Symbol darauf hinweist?

Falls wir die ersehnte Sehenswürdigkeit dann doch erreicht haben, müssen wir nach dem Eingang suchen. Kirchen umschreiten wir zwei- bis dreimal, weil die Pfeile an den Türen beharrlich immer weiter weisen, bis wir endlich beherzt an jeder Tür rütteln. Im düsteren Inneren suchen wir dann in einem Seitenaltar nach dem Tafelbild, das besonders sehenswert sein soll. Ist es dies? Oder das daneben? Oder gar das in der dritten Kapelle? Auf allen ist eine Madonna drauf. Welche ist denn nun die wertvolle? Wir wollen ja keine Zeit mit minderwertiger Kunst verplempern.

Auch nach größeren Sehenswürdigkeiten müssen wir bisweilen lange fahnden. Nicht jede ist so leicht zu orten wie der Eiffelturm. Der Stadtpalast der berühmten Kaufmannsfamilie hat die Hausnummer 106. Wir finden ohne weiteres 105, unmittelbar danach folgt allerdings 112, auf der gegenüberliegenden Straßenseite lesen wir 67. Wir versuchen es an den Gebäuden selbst zu erkennen. Ist er dies oder der daneben? Welcher ist der Gipfel der Renaissance-Baukunst? Der andere, der genauso aussieht, muss also schäbige Imitation sein. Aber welcher? Jemand weist uns um die Ecke. 106 ist in der Nebenstraße. Ach so. Klar, da stehen ja auch drei Busse.

Im Museum suchen wir nach einem Ausweis, der uns vergünstigten Eintritt gewährt; oder wir werden durch die Suche anderer nach solchen Ausweisen und den dazugehörigen Diskussionen behindert. Und dann suchen wir nach den bedeutenden Bildern. Besonders nach dem einen, das alle Führer erwähnen. Wir irren durch die Räume, streifen mit unserem Blick zahllose schwere Schinken, in der Hoffnung, dass wir die nicht auch noch ansehen müssen. Doch wir finden nicht das eine, das jeder unbedingt gesehen haben muss. Bis uns klar wird, dass es dort hing, wo jetzt ein Zettel klebt, mit unscharfer Fotokopie des Werkes und dem Hinweis, dass es sich zurzeit in der Restaurierung oder in San Diego befindet.

So hält das Suchen uns auf Reisen beschäftigt. Wir suchen das unverschmutzte Stück Strand, die ameisenfreie Lichtung im Wald, den ruhigen Platz am See, den nicht alle anderen entdecken. Erst kurz vor der Abreise wissen wir schließlich, wo was ist. Dann sind wir Fachleute. Und wenn wir den Leihwagen geparkt und die Papiere in den richtigen Schlitz geworfen haben, wenn unser Gate tatsächlich vorhanden und unser Platz im Flieger tatsächlich frei für uns war, wenn wir bei der Ankunft ein Taxi bekommen haben und sogar nach Hause gelangt sind: Dann finden wir endlich, was wir die ganze Zeit gesucht haben. Erholung, Entspannung, Frieden.

Vierschanzentournee

Bevor wir in die Skiferien fahren, wollen wir Dehnungen, Schwünge und Slalom üben. Nichts ist dafür besser geeignet als der Autozug. Ob er in Altona oder Wannsee startet und Richtung München, Salzburg oder Bozen unterwegs ist: Er fährt am späten Abend los, und wir müssen trotzdem früh da sein. Denn wir können hier bereits unsere erste wichtige Übung für die Piste absolvieren: das Anstehen bei bitterer Kälte.

Die meisten vermummten Gestalten auf dem Bahnsteig werden wir an unserem Skiort wieder treffen. Vor allem die Mütter mit den verblüffend vielen Kindern, die quengeln und essen wollen. Sie ahnen nicht, dass ihr Vater gerade eines der gefährlichsten Abenteuer seines Lebens besteht: Er soll den Wagen auf den Zug lenken. Für mich ist es die wichtigste Vorbereitung auf Peinlichkeiten am Steilhang.

Auf dem Bahnhof stehen Mitarbeiter der Bahn, die durch lässiges Dirigieren zeigen, wie professionell und überlegen sie sind. Sie wirken leicht gequält angesichts all der Dilettanten hinter den beschlagenen Windschutzscheiben. Sie sind die Skilehrer des Bahnhofs. Man darf sie nicht überfahren. Sie wundern sich über gar nichts mehr, über keinen aufjaulenden Motor, kein Abwürgen, keine krachende Kupplung.

Und doch, wie in der Skischule, will ich mir nicht allzu viele

Fehler erlauben. Zumal ja noch andere zusehen. Leider bin ich nie ein Meister des Slaloms gewesen. Und obwohl die Autoreifen im Gegensatz zu meinen Skiern einen vollendeten Parallelschwung vollführen, kann ich die Pfosten am Rand der Strecke nie so einfach stehen lassen. Einen nehme ich immer mit; oft sogar zwei. Ich glaube, das Auto erweist mir so stillschweigend seine Solidarität. Warum soll auch nur der Wagenlenker mit Brüchen und Blessuren heimkehren? Das Auto will teilhaben an den Geheimnissen des Skisports.

Das geht besonders gut, wenn wir den Schwung üben. Angesichts eines allzu steilen Hanges geht es dem Wagen wie mir: Wir trauen uns nicht. Ich spreche von dem Steilhang die Rampe aufwärts. Die Steigung ist extrem. Der Motor heult, die Kupplung qualmt. Und los! Nein. Beim ersten Anlauf klappt es nicht. Das Auto erreicht beinahe das obere Deck, da hustet es und rollt zurück. Unten springen Zuschauer beiseite. Zügig rollen wir rückwärts. Naseweise Fahrer hatten sich schon nachgeschoben. Sie müssen eilig zurücksetzen. Nicht nur einer. Die ganze Schlange, deren Ende bis zum Horizont reicht, muss zurück. Ich möchte jetzt einfach etwas mehr Anlauf nehmen. Heiserer Probelauf des Motors. Mittlerweile sieht der gesamte Bahnhof zu. Scheinwerfer spiegeln sich in meinem schweißnassen Gesicht. Also. Und noch einmal! Und mit Schmackes! Die Halle bebt vom Dröhnen aller vier Zylinder. Oben schießt der Wagen über den Rand der Rampe wie bei der Vierschanzentournee.

Aber – na bitte! Da sind wir! Nun nur noch vorwärts rollen. Auch hier oben gilt es, eine wichtige Ski-Übung vorwegzunehmen, nämlich das Fahren in der Spur. Obwohl ich schon mit verschiedenen ganz normalen Autos gefahren bin, passte keines davon in die Spur. Ich habe dieselbe Schwierigkeit wie auf Skiern: Die Loipe ist immer zu eng. Die weichen Winterreifen quietschen herzzerreißend am Rand entlang. Kurzer Blick nach unten. Die Kinder starren offenen Mundes zu mir herauf. Sie haben das Gefühl, dass ich um mein Leben kämpfe.

Und das trifft auch zu. Meine Frau steht abgewandt, um jeglichen Verdacht auf eine Verbindung mit mir auszuschließen. Nun zieht sie sogar die Kinder weg: Seht da nicht so hin! Aber gerade jetzt, bitte sehr, gerade bin ich am Ziel! Ich bin zum Stehen gekommen, ohne abzustürzen, unverletzt! Die Kinder erleben diesen Triumph nicht mehr. Wenigstens den anderen Zuschauern winke ich überlegen zu. Dann muss ich nur noch die steile Treppe hinunter, eine wichtige Übung für Schwindelanfälle im Sessellift. Und während tumbe Motorradfahrer sich auf dem niedrigen Unterdeck die Helme einrammen, während sich aufgeregte Väter ins Taxi werfen, um schnell noch die Tickets von zu Hause zu holen, führe ich meine Familie souverän ins richtige Abteil. Nun freue ich mich auf eine Nacht der Schlaflosigkeit.

Wach bleibe ich nicht nur wegen der entgegenkommenden Züge, deren Druckwelle gegen die Fenster kracht. Auch nicht wegen der sonderbaren Provinzbahnhöfe, auf denen wir nachts halten, weil der Zug, genau wie ich beim Abfahrtsski, fern der Hauptpiste durch entlegene Waldstrecken irrt. Nein, es hat damit zu tun, dass mir die morgendliche Steilabfahrt vom oberen Deck des Zuges bevorsteht. Und vor allem liegt es daran, dass ich wieder vergessen habe, die Alarmanlage des Autos auszuschalten. Jetzt, von fern, von hinten, höre ich es rastlos quaken. Bei jedem Anfahren und heftigen Ruckeln schreckt es auf. Zweifellos blinkt es auch aufgeregt. Es ist ein schönes Gefühl, dass dieser lebendige Gruß durch die Nacht herüberschallt, auch zu all den stillen Einfamilienhäusern längs der Strecke. Auf dass alle wissen: Es ist Skisaison. Sie sind wieder unterwegs.

Höhepunkt Wachablösung

Wir tun uns vieles an auf Reisen. Wir besichtigen Ruinen, die uns nicht interessieren. Betrachten Gemälde, die uns nicht gefallen. Betreten Kirchen, an denen wir lieber vorbeigehen würden. Gegen unser innerstes Gefühl bestaunen wir Brückenfiguren, Grabplatten und Heldendenkmäler. Und falls wir gerade mal in einer Monarchie Urlaub machen, kann es sein, dass wir um die Mittagszeit von einer multikulturellen Menge mitgerissen werden, die eilig dem Schloss zustrebt. Denn dort wird der Gipfel aller Attraktionen geboten: die Wachablösung.

Womöglich kennen wir das Wunder bislang nur von Ansichtskarten, wo es neben Nationaltheater, Kathedrale, Palast und Flussufer unentzifferbar klein dargestellt wird. Die Operettenuniformen und Puschelmützen sind kaum zu ahnen. Live werden wir allerdings auch nicht viel mehr erkennen. Denn wir stehen falsch. Vorn am Gitter sind die besten Plätze. Oder noch besser in der zweiten Reihe. Bei der begeistert nachdrückenden Menge trägt die erste Reihe am Gitter immer bleibende Schäden davon. Und zwar schon während der Wartezeit. Und die ist lang.

Je nachdem, wo wir uns befinden, setzen sich die Leibgardisten jetzt gerade erst an ihrer entlegenen Kaserne in Bewegung, an der Gothersgade oder den Hyde Park Barracks oder an der

Karl-Johans-Gate, um dann umwegig durch die Straßen zu marschieren. So haben wir immerhin Zeit, überm Schloss die königliche Standarte zu suchen, die anzeigt, ob Majestät geruhen, in dero Gemächern zu weilen. Nebenbei werden wir im vielsprachigen Austausch mühelos auf den aktuellen Stand gebracht: Prinzessin Ingrid Alexandra ist gerade getauft, Catharina-Amalia bereits gefirmt, Prinz William joggt für gute Zwecke, Mette-Marit schwärmt von ihrem ersten Liebhaber, Fürst Albert bringt es nicht, Beatrix fordert mehr Nachwuchs, Maxima möchte lieber einen Jungen, irgendwo schwächelt eine Königin-Mutter, Prinz Constantijn war beim Zahnarzt, und Prinz Henrik ist doch nicht identisch mit Prinz Haakon.

Doch selbst lebenswichtige Mitteilungen werden bedeutungslos, als der Wind plötzlich aus der Ferne etwas heranträgt: einen Trommelwirbel! Und zwar einen unheimlichen! Und gleich noch einen. Ja, wird heute jemand geköpft? Vorsorglich prüfen wir die Akkuladung der Kamera. Nein, in diesem Augenblick ertönt wirre Musik. Dann werden wir also doch nur den gewöhnlichen Stechschritt sehen sowie das Gewehrschultern und weitere Highlights der Exerzierkunst. Falls wir überhaupt etwas sehen. Ein blinkender Helm in der Ferne kann auch schon aufregend sein. Und wenn man sich auf den Boden legt, kann man die Stiefel erkennen, spiegelnd dank stundenlangen Polierens mit Spucke, Watte und Wachs. Dünn weht die Marschmusik herüber, viel Pfeifen und Rasseln zunächst, dann ein paar Pauken und Trompeten. Pferdehufe schlagen aufs Kopfsteinpflaster.

Ah, und jetzt werden Kommandos gebellt. Eine Stimme überschlägt sich, Stiefel stampfen. Was geht da eigentlich vor sich? Wer wechselt wen ab? Werden die berittenen Leibgarden ausgetauscht gegen diejenigen, die selbst reiten? Oder die roten mit den schwarzen Helmen gegen die blauen mit den goldenen Helmen? Und wo bleiben eigentlich die Jungs mit den Bärenfellmützen? Bein hoch, Bein runter ist klar, aber über den Rest herrscht Unstimmigkeit in der Menge. Hat jemand ein einziges Kommando mitgekriegt? War das eben das berühmte: *»Halt! Who goes there?«* Und die Antwort: *»The keys!«* Dann: *»Whose keys?«* Und: *»Her Majestey's keys!«* Schließlich: *»Advance keys, all is well.«*

War es das? Wenn es das war, hat es jedenfalls keiner verstanden. Es ist wohl an der Zeit, die Schulter des Vordermanns zu erklimmen. Na bitte – alles klar. Bei jedem Kommando fallen da vorne Pferdeäpfel. Es handelt sich also um Horse Guards, nicht um Foot Guards. Die Kapelle allerdings geht zu Fuß, jetzt schon etwas weiter weg, in schwer deutbarem Stickmuster quer und kreuzweise über den gepflasterten Hof. Okay, und ist da irgendwo einer, neben dem man sich noch fotografieren lassen kann? So einer, der nicht lachen darf? Der heimlich Pumpbewegungen mit den Zehen macht, damit er wach bleibt? Bei dem im Sommer sechzig Grad unter der Kappe herrschen und der bei einer Ohnmacht nur nach hinten umfallen darf, keinesfalls nach vorn? Wir sehen ihn nicht. Vielleicht ist er schon umgefallen?

Aber, oh, da oben im Fenster, ein Schrei geht durch die Menge: Da hat sich etwas bewegt! His or Her Majesty! Alle winken. Keiner winkt von oben zurück. Dann war es also etwas Königliches! Kein Zweifel! Etwas jedenfalls, was die Wachen bewachen. Wunderbar. Wir fühlen uns geadelt. Und zugleich hat die kleine Märchenstunde mit Zinnsoldaten uns kindlich gerührt. Wir begeben uns heiter und veredelt zurück in unseren Reisealltag. Götter, Gräber und Gelehrte können uns jetzt nichts mehr anhaben.

Wir sind gute Menschen

Wer lange genug lebt, findet Gründe, sich schuldig zu fühlen. Und wer lange genug reist, bekommt ein schlechtes Gewissen. Nicht wegen des Kerosins, das der Clipper in die Luft bläst, nicht wegen der Kinderarbeit in thailändischen Badeorten und schon gar nicht wegen des fortgeworfenen Bonbonpapiers im afrikanischen Nationalpark. Sondern wegen der vielen uneingelösten Versprechen. Wegen der Briefe, die wir zu schreiben gelobten, der Besuche, die wir noch machen wollten, wegen der Fotos, die wir nie geschickt haben.

Da war dieser Junge in Indien, der so stolz mit seinem Kälbchen für die Kamera posierte. Ich habe das Foto noch. Auch seine Adresse müsste irgendwo stehen, denn ich habe ihn gebeten, sie aufzuschreiben, damit ich das Foto zusenden könne. Aus unbekannen Gründen ist es nicht dazu gekommen. Inzwischen wird der Junge ein Mann geworden sein und das Kälbchen eine große, heilige Kuh. Soll ich das Bild noch schicken?

Und da war diese reizende Lady in Kapstadt, die wir im Einkaufszentrum nach dem Ausgang fragten. Daraus entwickelte sich ein Gespräch, und schließlich saßen wir auf ihrer Veranda beim Tee. Weil sie Cheese Cake servierte, haben wir ihr unser Rezept für deutschen Käsekuchen versprochen. Aus ungeklärter

Ursache haben wir uns bisher nicht dazu aufraffen können. Ob sie sich immer noch freuen würde?

Dann die beiden heiteren Boutiquebesitzer in Sevilla, deren Musik im Laden uns so begeisterte, dass sie uns gleich eine Kopie davon schenkten. Wir kündigten an, ihnen sofort eine heimische CD als Dank zu schicken. Wir haben es nicht getan. In Kimberly, jenem kanadischen Skiort, in dem überraschend die größte Kuckucksuhr der Welt steht, klagte unsere Wirtin über nächtlich nervöse Beine, *»restless legs«*. Zum Glück kannten wir die heilenden homöopathischen Kügelchen und gelobten, ihr gleich nach unserer Rückkehr ein Döschen zuzusenden. Bald können wir das zehnjährige Jubiläum dieses Versprechens feiern.

Den Briefwechsel mit dem reizenden alten Herrn in Prag haben wir sofort wieder einschlafen lassen. Die Grafik unserer Heimatstadt nie an jenen brennend interessierten Künstler in Bahia geschickt. Die Fotos von all den neuen Freunden, die wir unterwegs kennen lernten, haben wir gar nicht erst abziehen lassen.

Sind wir schlechte Menschen? Nein. Eigentlich sind wir herzensgut. Nur sind wir vielleicht nicht ganz so großzügig und gönnerhaft, wie wir uns zuweilen auf Reisen geben. Bei unserer Winzerrundfahrt haben wir uns überall Prospekte mitgeben lassen und nach jeder Probe gelobt, umgehend von zu Hause umfangreiche Bestellungen aufzugeben und gleich noch unsere Freunde zu werben. Jetzt, mit den passablen Weinen vom Discounter, kommt uns das unnötig vor.

Ich weiß nicht, woran es liegt – an der Entfernung, an der Luft, an der Freiheit? Im Urlaub überkommt mich immer ein Gefühl des jovialen Edelmuts. Und meine Frau stimmt in diese Großspurigkeit mit ein. Die Leute sind so nett, wir fühlen uns verbunden, sie sollen uns in guter Erinnerung behalten. Also lassen wir uns zu den erstaunlichsten Beteuerungen verleiten.

»Kommen Sie uns besuchen! Sie können jederzeit bei uns wohnen!« – »Wenn Sie etwas aus Deutschland brauchen, sagen Sie Bescheid, ich organisiere das.« – »Ja, schicken Sie Ihre Kinder zu uns, wir besorgen allen einen Studienplatz.«

Bereits auf dem Rückflug verwehen diese abenteuerlichen Zusagen. Später erinnern noch einige Fotos daran. Richtig, diesen Leuten müssten wir eigentlich noch etwas schicken. Aber wahrscheinlich haben sie uns schon vergessen. Ja, hoffentlich.

Uns selbst hingegen quält ein gutes Gedächtnis. Gerade die Versäumnisse brennen darin weiter. Und dann kommen erschwerend die Fälle dazu, in denen andere ihre Versprechen halten. Das Mütterchen aus Südtirol schickt uns doch tatsächlich ihre selbst gebackenen Kekse. Der Rental Car Service in Dublin sendet die Armbanduhr, die im Auto unter den Sitz gerutscht war. Aus Israel kommt ein Paket mit den Jacken, die wir im Hotel vergessen haben. Einerseits rührend. Andererseits: Was steckt dahinter? Wollen diese Leute uns partout ein schlechtes Gewissen machen?

Bei kleinen Schäden weiterreisen

Na schön. Wenn Sie bis hierher gelesen haben, kann ich es Ihnen ja endlich verraten: Mit dem Rotweinfleck, das war ich.

Ich meine den Fleck, den Sie unter Ihrem Tisch im Hotelzimmer entdeckt haben. Sie haben ihn vermutlich erst bemerkt, als Sie den Sessel beiseite geschoben hatten. Ja, ich habe die Möbel geschickt verrückt, um ihn zu tarnen. Auch bin ich damals sofort in den Frühstücksraum gerannt, um viele kleine Päckchen Salz zu holen und die Stelle flächendeckend abzustreuen. Es hat nichts geholfen. Nur dass ich am nächsten Morgen Schwierigkeiten hatte, das Salz beiseite zu bürsten; der Hotelprospekt diente als Kehrichtschaufel.

Es tut mir leid, wenn die Hotelleitung Sie für den Schuldigen gehalten hat. Sie verzeihen.

Ach, und das kleine Loch in der Wand ist Ihnen aufgefallen? Die Dame vom Service hat skeptisch die Brauen gehoben, als Sie Ihre Unschuld beteuerten. Na gut: Das Loch kommt von meinem Nordic-Walking-Stick. Zum Gaudi meiner Familie wollte ich damit einen Fechtkampf imitieren. Der entscheidende Stoß ging in die Wand. Kann ich was dafür, dass sie aus Rigips war?

Aber bevor ich Sie weiter um Vergebung bitte für all die kleinen Schäden, die ich in Hotels und Apartments hinterlassen habe – sprechen wir mal von Ihren Sünden! Wie war das denn mit der Duscharmatur in dem Hotel, in dem Sie leider vor mir waren? Der Duschkopf ist Ihnen bei irgendeiner akrobatischen Aktion zerbrochen, und dann haben Sie ihn so dilettantisch mit Tesafilm geklebt, dass das Wasser fortan in alle Richtungen sprühte.

Und wie steht es mit Ihrer Sitte, das Zimmer mit Kerzen gemütlich zu machen? Im Wandschrank fand ich einen Tischläufer, den Sie dort zusammengerollt versteckt hatten, besprenkelt mit roten Wachsflecken. Ach, und darf ich Sie bitten, das nächste Mal einen eigenen Flaschenöffner mitzubringen? Den südlichen Strandbungalow – Sie wissen, welchen – habe ich kaum aufbekommen, weil Sie Ihre Kronkorken offenbar beharrlich am Türschloss geöffnet haben. Und was, um Himmels willen, wollten Sie in dem Topf zubereiten, den Sie total verkohlt im Nordsee-Apartment zurückgelassen haben? Das rußige Aroma Ihrer Kochkunst haftet immer noch an der Tapete.

Es ist nun einmal so: Wir hinterlassen Spuren. Nicht in der Geschichte und nicht in der Kultur. Aber an den Orten, zu denen wir gereist sind. In den Zimmern, in denen wir übernachtet haben. Manchmal reicht ein einziger Abend, und das Räucherstäbchen, mit dem wir den schalen Geruch übertönen wollten, brennt sich für immer in die Tischplatte. Die Heizschlange des Wasserkochers überlebt nicht unsere Idee, sie mit kaltem Wasser abzuschrecken. Der kleine Fleck in der Auslegeware vergrößert sich magisch unter unseren Reinigungsversuchen. Beim Trockenrubbeln geht die Ersatzrolle Klopapier drauf und verwandelt sich in viele Fusseln.

Am komplizierten Faltrollo vor dem Dachfenster reißt dank unseres Temperaments der entscheidende Faden. Wir ersetzen ihn mit Kurzwaren aus dem ausliegenden Sewing Kit. Es sieht täuschend echt aus, aber wer als Nächstes daran zieht, wird unweigerlich den Schaden haben.

Werden Sie es sein? Wahrscheinlich. Wenn nicht, freuen Sie sich auf das Doppelbett, dessen Mittelbalken brach, obwohl meine Frau und ich nichts Ungewöhnliches getan hatten. Wir haben ihn mühsam wieder zusammengeschoben und sind stillschweigend weitergereist. Also, wenn es bald nachts unter Ihnen kracht, nehmen Sie es als lieben Gruß.

Umgekehrt werde ich an Sie denken, wenn ich die Kerzenreste sehe, die Sie auf dem Teppich Ihres Weihnachtshotels hinterlassen haben. Falls Sie über Silvester verreisen, werde ich im Frühjahr auf die Brandspuren Ihrer Wunderkerzen treffen. Ich freue mich sogar darauf.

So grüßen wir einander. Ein wenig kommen Sie mir bereits bekannt vor. Machen Sie also ruhig so weiter. Ich verzeihe. Sie auch?

Parkplätze! Ein Mülleimer!

Meiner Frau macht es immer weniger Spaß, mit mir zu verreisen. Jedenfalls, wenn ich so weitermache. »Wenn du immer nur nach Parkplätzen und Mülleimern suchst!« Dann ist bald Schluss.

Wie bitte, ich suche nach Parkplätzen und Mülleimern? Naja, zugegeben, sie fallen mir auf. Und ich freue mich darüber. In der Regel reisen wir mit Bahn oder Flugzeug. Ich brauche also keine Parkplätze in der Nähe des Domes oder des berühmten Rathauses. Aber wenn ich dann einen freien Platz sehe, freue ich mich. Einfach weil der Anblick so selten ist.

»Wenn wir mit dem Auto gekommen wären, hätten wir hier parken können«, informiere ich meine Frau. Die mag das nicht mehr hören. »Oder dort drüben«, sage ich. Denn mein geschärftes Auge entdeckt mittlerweile auch die entlegensten Möglichkeiten. Es ist falsch, dass ich dabei geschnitzte Fassaden, Schlösser, Kathedralen übersehe. Ich achte lediglich auch auf das, was für das Leben wirklich wichtig ist.

Und dazu gehören auch Mülleimer. Seit in unserem heimischen Viertel die Abfuhr eingeschränkt worden ist, interessieren mich fremde Deponiemöglichkeiten. Es gibt herrlich große Container an Autobahnraststätten. Aber auch unausgelastete graue Eimer in mittelalterlichen Gassen. »Hier könnte man ohne weiteres noch eine Tüte draufpacken«, bemerke ich bei unserer Altstadtbesichtigung.

Meine Frau reagiert gereizt. Vermutlich fürchtet sie, dass wir demnächst mit einigen gut verschnürten Plastiksäcken in den Urlaub fliegen. Bisher habe ich allenfalls ein Taschentuch oder Bonbonpapier am Urlaubsort entsorgt. Aber Marotten, meint sie, verschärfen sich mit den Jahren.

Und um eine Marotte handelt es sich möglicherweise. Sagen wir: um eine liebenswerte Gewohnheit. Gewohnheiten geben Sicherheit, besonders auf Reisen. Oft reicht schon ein gutes Tee-Geschäft, um einen Ort sympathisch zu machen, oder ein Laden, in dem man Lakritze kaufen kann. Geistig höher entwickelte Persönlichkeiten, so hört man, fühlen sich in fremdesten Orten heimisch, sobald sie dort eine Buchhandlung entdecken. Und dazu am besten einen Weinladen.

Ein Freund von uns sucht immer nach Klohäuschen. Wir reisen nicht mehr mit ihm. Einen anderen haben wir aussortiert, weil wir unentwegt zu Bahnhöfen pilgern mussten. Es gibt ja diese hartnäckige Spezies der Eisenbahnfans. Ein kaiserliches Bahnhofsgebäude mit überwuchertem Schienenstrang kann Charme haben. Aber immerzu Bahnsteige besichtigen, Signalanlagen studieren und die Baureihen von Loks hersagen, das machte uns die Reisen mit dem Freund eintönig. Ihm selbst bedeutete ein Bahnhof in der Fremde Wärme und Inspiration.

Für einen anderen tut es schon der Kiosk mit wenigstens einem deutschen Blatt. Oder die bekannte Imbisskette. In Südindien retteten uns Chai-Shops vor dem totalen Kulturschock. In Europa kann ein gutes Café mit den schrecklichsten Orten versöhnen. Oder ein Gasthaus mit Biergarten unter Kastanien.

Jeder sucht solche Anhaltspunkte der Geborgenheit. In südlichen Städten reicht schon ein Brunnen, um jenen Frieden einströmen zu lassen, den man auf Reisen sucht. Dazu ein paar Platanen, alte Leute, die vor der Tür sitzen, ein Glockenschlag in der Mittagsstille. Und dazu vielleicht, ich wage es kaum zu sagen, ein freier Parkplatz.

Aber, bitte: Meine Frau ist nicht viel besser. Sie sucht überall nach einem Trachtenladen. Es ist ganz gleichgültig, wo wir sind, wenn es in dem Ort einen Trachtenladen gibt, dann ist es ein guter Ort. Selbstverständlich gibt es so ein Geschäft auch bei uns zu Hause, ziemlich nahe sogar. Doch der Trachtenladen am Urlaubsort, der muss es sein.

Das Vertraute in der Fremde: Das möchten wir finden. Das ist das Glück. Naja, und wenn dann, wie kürzlich in Bruneck, dreierlei zusammenkommt: ein Trachtenladen, ein freier Parkplatz und ein halb leerer Mülleimer und zum Feiern dieser Entdeckung womöglich noch ein Café an der Ecke, dann sind Urlaub und Ehe bis auf weiteres gerettet.

Originelle Fotos

Wenn Sie das nächste Mal zu mir zu Besuch kommen, möchte ich Ihnen gern meine neuesten Urlaubsfotos zeigen. Bestimmt freuen Sie sich schon darauf. Und zweifellos sind Sie ganz begierig auf meine Erläuterungen. Der geschriebene Text ist noch nicht fertig, zum Einkleben oder zum Layout bin ich noch nicht gekommen. Aber bitte: »Dies ist das Tal, ganz am Ende liegt unser Ort, an diesem Tag war es leider etwas dunstig«, oder: »Hier mussten wir ganz lange auf den Bus warten, wir dachten schon, er kommt nicht mehr«, oder: »Dies ist unser Hotelzimmer, da steht unser Koffer«, und: »Hier war unser Strand, und da unter dem Sonnenschirm, das kann man jetzt nicht erkennen, das müsste Claudia sein.«

Während ich Ihnen ein gelungenes Bild nach dem anderen präsentiere, gehe ich die ganze Reise noch einmal mit wachsender Begeisterung durch. Sie sollen auch die Gelegenheit haben, ausgiebig zu staunen und bewundernde Fragen zu stellen.

Seien Sie schon mal gespannt auf mein Foto eines Blauwals vor der kanadischen Küste! Jedenfalls von seiner Flosse.

Im Monument Valley ist es mir geglückt, eine waschechte alte Indianerin vor ihrem authentischen Tipi zu fotografieren! Wenn sie von allen anderen, die nach mir kamen, ebenfalls zehn Dollar genommen hat, müsste sie übrigens inzwischen recht wohlhabend sein. Möglicherweise wohnt sie gar nicht im Tipi.

Oh, und da Sie so interessiert reagieren, möchte ich Ihnen gern noch ein paar Meisterwerke der vorletzten Reisen zeigen. Die hatten Sie noch nicht gesehen. Hier, in Schottland, konnte ich einen echten Dudelsackpfeifer im Schottenrock aufnehmen, aber nicht im Folklorelokal, sondern vor original schottischer Berglandschaft! Wie bitte? Stimmt, er stand am Rand des Parkplatzes, auf dem alle Busse hielten. Woher wussten Sie das?

Aber dann muss ich Ihnen unbedingt diesen Geniestreich raussuchen: Da habe ich den schiefen Turm von Pisa fotografiert, allerdings nicht einfach so! Sondern meine Frau hat sich in den Vordergrund gestellt und den Arm so gehoben, dass es aussieht, als wenn sie den Turm abstützt! Jaha, man muss nämlich originelle Einfälle haben!

Wie? So ein Foto hat schon Ihr Vater gemacht? Eigentlich alle, die Sie kennen und in Pisa waren? Geben Sie mir Bedenkzeit. Und meine Schwägerin neben einem englischen Wachsoldaten mit Pelzmütze? So etwas kennen Sie ebenfalls. Aber jetzt, hier, das ist witzig: ich selbst in der mittelalterlichen Folterkammer mit gequältem Gesichtsausdruck!

Das haben Sie genauso von Ihren Kindern gemacht? Ah ja. Hier habe ich mich wagemutig auf das steinerne Pferd am Reiterdenkmal gesetzt – das möchten Sie jetzt nicht mehr sehen. Gut. Aber trotzdem tolle Fotos, oder? Mit der Beleuchtung war es manchmal etwas schwierig. Die Automatik macht ja leider sehr viel verkehrt, man kann kaum noch selbst was einstellen. Und dass die Farben so komisch sind, liegt entweder am Bildschirm oder am Drucker. Und Sie müssen selbst zugeben, dass die Sehenswürdigkeiten im Original einfach nicht mehr so sehenswürdig aussehen wie im Katalog.

Übrigens, auf Ihren eigenen Fotos, das weiß ich doch, kippen alle Kathedralen nach hinten, die Rathäuser neigen sich zur Seite, und wenn Sie Ihre Frau aufnehmen, ist immer nur der Hintergrund scharf! Na, ich kenne das Problem. Einerseits müssen wir genau die Bilder machen, die sowieso in jedem Prospekt sind, als Beweis, dass wir da waren.

Andererseits möchten wir uns von der Masse abheben. Und als unterscheidendes Merkmal bleiben oft nur unsere Mitreisenden. Oder wir nehmen, um mal wirklich etwas Echtes zu haben, die Einheimischen auf. Etwa auf dem Markt, wo sie es im Gewühl nicht merken. Oder wir entdecken wettergegerbte alte Leute auf einer Bank vorm Haus; die sehen echt aus und wehren sich nicht. Das tut gut.

Indem wir fotografieren, verliert die Fremde etwas von ihrer vagen Bedrohlichkeit. Wir nehmen sie ein bisschen in Besitz und gewinnen sogar ein leichtes Überlegenheitsgefühl. Natürlich leidet unsere Reise darunter, dass wir ständig nach lohnenden Motiven suchen. Aber wir können uns ja später alles in Ruhe zu Hause ansehen!

Komischerweise tun wir das dann nur ein einziges Mal. Oder eben, wenn Freunde kommen. Solche aufrichtig interessierten Menschen wie Sie. Also kommen Sie, Sie kriegen auch ein paar Kekse dazu! Nur Ihre eigenen Fotos lassen Sie bitte zu Hause.

Abschlag in die Entengrütze

Drogenbeauftragte warnen vor Golf. Und mit Recht. Wen es einmal gepackt hat, der ist für alles andere verloren. Freie Nachmittage und Wochenenden gehören fortan dem Spiel. Und Reisen werden unfehlbar zu Golfreisen.

Es soll Ehepartner geben, die lieber Kathedralen besichtigen und im Meer schwimmen. Das ist für einen Golfer unmöglich. Allenfalls nach dem achtzehnten Loch, und dann ist es zu dunkel. Als ich meine Frau zum letzten Mal sah, stand sie am Fenster des Old Course Hotel zu St. Andrews. Ich stand beim Abschlag am siebzehnten Tee. Ich gebe zu, dass ich mit meinem herrlichen Drive das Hotel traf. Das passiert einfach leicht in Schottland, wo vor sechshundert Jahren das Golfspiel begann. In diesem Fall endete etwas. Ich habe das Hotelfenster nicht absichtlich getroffen. Das hätte auch gar keinen Sinn gehabt, denn alle Fenster sind aus schusssicherem Glas. Aber meine Frau hat es so ausgelegt.

Nun, wir hatten uns zuletzt ohnehin nur noch selten gesehen. Und seither reise ich ungebremst in Länder, in denen Spieler willkommen sind. Wo also der Grundwasserspiegel zugunsten von Wasserhindernissen abgesenkt wird und ganze Fischerdörfer im Landesinneren verschwinden, weil ich – und wohl auch Sie – gern mit Blick aufs Meer spiele.

Wir reisen dorthin, wo das Klima unseren Schwung unterstützt, die Höhenlagen unsere Drives freiwillig weitertragen und die Grashalme die Putts mitfühlend ins Loch lenken. Immerhin bezahlen wir ja auf Golfreisen jeden Grashalm einzeln. Und jedes Körnchen im Bunker. Doch die Ausgabe lohnt sich. Während ich in Deutschland belächelt werde, wenn ich mit meinen Explosionsschlägen einen Sandsturm nach dem anderen entfache, habe ich in Abu Dhabi dafür viel Anerkennung erfahren. Genau auf diese Weise habe man dort Öl entdeckt, versicherte mir der Caddie.

Die Ferne hebt das Selbstbewusstsein. Daheim sind Querschläger peinlich. Doch wenn der Ball an einer andalusischen Korkeiche abprallt, bekommt noch der dünnste Schlag seinen botanischen Sinn. Und wenn er gut getoppt ins Unterholz hoppelt, erinnern uns leuchtende Schattenblüher daran, dass Golf etwas mit Natur zu tun hat.

Zu Hause schnurrt die Landschaft auf den Flecken Gras zusammen, den wir als Nächstes vom Boden heben. In der Ferne entdecken wir Himmel und Horizonte neu. Selbst wenn wir nur die Luft überm Tee verwirbeln: Es ist würzige Luft, auf deren Noten von Bougainvillen und Eukalyptus wir nun unsere Spielpartner aufmerksam machen, sollten sie humorlos auf den liegen gebliebenen Ball starren. Auf Golfreisen gibt es keine Fehlschläge. Es gibt nur Entdeckungsschläge.

Die vielfältige Farbenpracht von Seerosen habe ich erst zu schätzen gelernt, als ich an der Algarve das achtzehnte Green von San Lorenzo zu erreichen versuchte. Es liegt auf einer Halbinsel, die in einen Teich ragt. Wenn in Deutschland der Ball in der Entengrütze verschwindet, ist das ärgerlich. Wenn er zwischen südlichen Seerosen versinkt, ist das pure Poesie. Staunenswerte amphibische Kreaturen beäugten mich vom Ufersaum, als trauten sie sich wegen meiner nächsten Einschläge nicht ins Wasser.

In Santa Margerita di Pula habe ich mal eine Gottesanbeterin aus der Puttlinie gehoben, eine Glück bringende Heuschrecke. Vielleicht hätte ich sie sitzen lassen sollen. Der Ball eierte so eigentümlich, dass er sie ohnehin nicht getroffen hätte. Und beim zweiten Versuch berührte er zwar den Lochrand, bog dann aber in die Richtung ab, wohin ich sie umgesiedelt hatte. Wundersame Entdeckungsschläge!

Die Bergwelt bei Andratx lernte ich erst kennen, als ich die Ein-Meter-Putts bergab unter Touchieren des Loches in Ein-Meter-Putts bergauf verwandelte. Erst wer auch mal die Richtung wechselt, entdeckt eine Landschaft! Auf einem zypriotischen Platz namens Tsada gelang mir ein himmelhoher Slice, der von göttlicher Hand zu einem brüchigen Klosterbau getragen wurde. Der Dienst habende Pater dort war nicht überrascht, sondern bot, offenbar aus alter Gewohnheit, einen Mokka an.

Golf und Mystik gehören zusammen. Wundertätige Luftschichten verziehen in Südafrika unsere Hooks so schicksalhaft, dass wir unweigerlich der Elefantenherden am Leopard Rock gewahr werden. Und in Neuseeland lehren uns die berüchtigten Corioliskräfte Demut. Die vorletzte Reise mit meiner Frau galt den Schönheiten der Nordinsel, und unter Schönheiten verstehe ich den Platz von Kauri Cliffs.

Als dort am letzten Abend die Schatten der Flaggstöcke schon sehr lang wurden, fiel mir ein: »Wenn man dieses achtzehnte Loch durch den Erdball verlängern würde, käme man auf einem Golfplatz in Deutschland wieder ans Licht!« Darauf sagte sie: »Dann mach das doch einfach!« Und wandte sich ab. Eine Minute später fiel der Ball mit sattem Klacken in den Locheinsatz. Kommt es jemals auf etwas anderes an?

Milde Gaben

Wir taumeln dem Abgrund entgegen. Wirtschaftlich. Aber wir reisen noch. Und es ist verblüffend, wenn wir merken: Es gibt ja noch ärmere Länder! Abgesehen von den Emiraten oder Qatar scheinen fast überall auf der Welt die Leute etwas weniger wohlhabend zu sein. Dennoch machen sie keineswegs einen unglücklichen Eindruck. Die meisten sind sogar lebensfroh.

Das beruhigt. Erstens können wir also doch auf Glück hoffen, falls es mit uns selbst bergab geht. Und zweitens brauchen wir kein schlechtes Gewissen zu haben. Wir müssen nicht sofort spenden. Wenn die Leute strahlend vor ihren Reisfeldern und Palmstrohhütten lächeln, benötigen sie offensichtlich nicht mehr, als sie haben. Ausgezeichnet. Wir winken ihnen aufmunternd zu: Weiter so! Herrlich, wenn sie zurückwinken. Dann sind sie also einverstanden, dass wir etwas mehr Geld haben. Wir dürfen passieren.

Doch nicht immer kommen wir so unbehelligt davon. Es kann sein, dass wir am Strand eines Landes, von dem wir nur den Strand kennen lernen wollten, plötzlich von Kindern umringt werden, die Kugelschreiber verlangen. Oder dass wir auf dem Weg zum berühmten Tempel durch ein Spalier von Bettlern stolpern müssen. Es kommt sogar vor, dass Leute an unseren Ärmeln zupfen oder hinter uns herlaufen. Das kann anstrengend sein.

Abwimmeln, loskaufen, wegrennen? Wir können leider nicht sagen: Statt hier zu betteln, mähen Sie mal am nächsten Sonnabend bei mir den Rasen, dann kriegen Sie was! Auch der Hinweis auf den Zusammenbruch des deutschen Rentensystems wird in exotischen Ländern nicht bis ins letzte Detail verstanden. Und die Quittung für unsere Einzahlung bei der letzten Spendenaktion haben wir dummerweise nicht dabei. Also starren diese Menschen uns an und halten die Hand auf. Warum stehen oder sitzen sie einfach nur da, statt wenigstens ein paar Kunststücke vorzuführen?

Egal, wir müssen uns irgendwie verhalten. Und möglichst so, dass wir uns einigermaßen gut dabei fühlen. Falls ein krummes Mütterchen an den Restauranttisch schleicht, den wir auf der Terrasse zu weit am Rand gewählt haben, können wir auf den Kellner warten, aber da warten wir lange; oder uns mit einer schnellen Zahlung freikaufen. Wenn ein Kind in Lumpen mit großen Augen auf unseren Eisbecher »Royal« starrt, können wir unseren Genuss allenfalls nach einem Griff in die Münzentasche wiederfinden.

Aber, Moment: Sollen wir nicht gerade Kindern die Almosen verweigern? Weil sie von Eltern und mafiösen Oberen zum Betteln ausgeschickt werden statt in die Schule? Wenn wir ihnen etwas geben, zementieren wir damit nicht dieses System? Wir haben von absichtsvoll verstümmelten Kindern gehört, von den pharmazeutisch Ruhiggestellten ganz zu schweigen. Und müssen die Frauen, die ihre Hand aufhalten, das Geld daheim einem trinkenden Glücksspieler abliefern?

Wirklich ungetrübt ist unser Mitgefühl selten. Als ich einem

Pilger in Sri Lanka Almosen geben wollte und meine Hand in die Tasche steckte, in der es verheißungsvoll klimperte, wehrte er kühl ab: *»No coins, please!«* Auch die Bettelmönche sind nicht mehr das, was sie einmal waren.

Es bleibt uns nichts, als die Herausforderung anzunehmen. Und nachdem unsere Urlaubsfreude zunächst gedämpft worden war, entdecken wir nach und nach die Erkenntnis fördernden Werte der Bedrängung. Unser Spießrutenlauf erweist sich als preiswerter Kurs in Selbstverwirklichung. Bei einem Business Coach hätten wir viel Geld hinlegen müssen für ein Seminar in Abgrenzung und Nein-Sagen. Hier absolvieren wir es nahezu kostenlos. Dem aufdringlichen Weib, das auf gut Englisch in wechselnden Versionen von krankem Mann und darbenden Kindern erzählt, zeigen wir vom dritten Tag an die kalte Schulter. Der Scharlatan, den wir beim professionellen Auspacken von Krücken und Schmutzjoppe ertappen, bekommt nur noch strafende Blicke.

Wir fühlen uns gestärkt. Unsere pädagogische Begabung entfaltet sich. Statt Geld reichen wir eine Butterstulle, einen Apfel oder eine Tüte mit Cashewnüssen. Und wir gewinnen unseren privaten Friedensnobelpreis. Wenn nämlich der Rest der Gruppe herzlos weiterzieht, können wir tätiges Mitgefühl demonstrieren. Ja, wir, nur wir geben dem armen Kerl etwas. Er soll ruhig wissen: Andreas und Bettina, die sich da vorne aus dem Staub machen, die sind böse und geizig. Möge er die Kunde in der Dritten Welt verbreiten.

Die anderen sind arrogant. Wir jedoch freuen uns über einige räudige Gestalten wie über alte Bekannte. Sie hocken an immer derselben Stelle. Wir werfen unseren Obulus in ihren Hut wie ein Eintrittsgeld in unser Überlegenheitsgefühl. Wir malen uns aus, wie sie von unseren Spenden im Gegenwert von zehn Cent ein Jahr in Saus und Braus leben. Am letzten Tag unserer Reise werden wir winkend verabschiedet. Ja, ja, wir sind die Guten. Und deshalb zuallererst berechtigt, etwas mehr Geld zu haben. Solidarischen Dank!

Es gibt keine Treue

Erinnern Sie sich an den Felsvorsprung, auf dem Sie in diesem Sommer immer gesessen haben, zu zweit, abends, wenn die Sonne ins Meer sank? Niemand kannte den Weg dorthin. Sie mussten über einen Zaun steigen und sich durch wucherndes Kraut schlagen. Nur auf Ihrem Geheimpfad konnten Sie diesen einmaligen Platz erreichen. Das war der Felsen. Ihr Felsen. Niemand Geringeres als Sie hatte ihn entdeckt. Er war Ihr privater Aussichtspunkt.

Und dann eines Abends saß da plötzlich jemand. Sie blieben erschrocken stehen. Sie wollten Ihren Augen nicht trauen. Da hatte einer dreist Ihren Felsen in Besitz genommen und sah nun schamlos in Ihren persönlichen Sonnenuntergang. Und die Sonne verhüllte ihr Antlitz nicht! Sie ging, treulos, für diesen Banausen genauso schön unter wie sonst nur für Sie. Und der Felsen? Bebte er? Ließ er den ungehobelten Fremdling ins Meer stürzen? Nichts davon. Er ließ sich von dem Neuen genauso gern besitzen wie von Ihnen.

Es gibt keine Treue im Urlaub. Erinnern Sie sich an die Düne, Ihre Düne, an deren Hang Sie sich betteten und mit der Sie schon Freundschaft geschlossen hatten? Und dann lagen da diese Rucksacktouristen. Die Düne ließ sie gewähren. Die Möwen starteten keine Angriffe. Charakterlos.

So ist es immer. Wir machen uns die fremde Gegend nach und nach vertraut, indem wir ein paar besondere Plätze finden, liebe Stätten, die wir uns aneignen und die uns nach kurzer Zeit zu grüßen scheinen. Ein Baum wird unser Baum. Eine Kapelle unsere Kapelle. Eine Bank unter Bäumen wird geadelt zu unserer Bank.

Es sind Ankerplätze für die Seele. Sie geben uns Sicherheit. Und dann, weil wir leider kein Schild aufgestellt haben, sitzt da jemand und entweiht die Bank. Wir könnten uns dazugesellen, er müsste beiseite rücken, doch der Platz ist nicht mehr unser Platz.

Und das sind nur die harmlosen Fälle. Schlimmer ist es mit dem Kätzchen, das uns zugelaufen ist. Wenn wir im Café sitzen, streicht es um die Stuhlbeine. Wir kraulen es. Es schnurrt. Wir überlegen schon, ob wir es adoptieren sollen. Aber als wir eines Nachmittags etwas später kommen, schnurrt es bei anderen. Miez, miez, rufen wir leise. Es kennt uns nicht mehr.

Vom Eichhörnchen im Park haben wir kaum etwas anderes erwartet. Aber auch der räudige Esel auf der Weide nebenan, eigentlich unser Esel, dessen Einsamkeit wir Tag für Tag aufgehellt haben, so dass er uns als Freunde und Herren anerkannte, nimmt keine Notiz von uns, sobald andere ihm Büschel übers Gatter reichen.

Worauf ist überhaupt Verlass am Urlaubsort? Der Tisch im Restaurant, unser persönlicher Tisch, an dem wir abends den Tag ausklingen lassen, steht ohne Vorwarnung anderen zur Verfügung. Hatte der Wirt gedacht, wir seien schon abgereist? Er hatte uns doch in sein Herz geschlossen, wir waren mehr als Stammgäste, wir gehörten schon zur Familie. Nun müssen wir feststellen, dass er genauso herzlich zu anderen ist. Eigentlich zu allen anderen, vor allem zu denen, die eindeutig unter unserem Niveau sind.

Gibt es denn gar keine Treue mehr? Das urwüchsige Original, unsere persönliche Endeckung, der stoppelbärtige Hirte, den wir am Brunnen fotografiert haben, posiert schamlos für dahergelaufene Touristen. Die zahnlose alte Wäscherin, die immer zurückgewunken hat, nimmt uns auf einmal nicht wahr. Ist sie kurzsichtig geworden? Hoffentlich. Der Zeitungsverkäufer, dem wir mit unserer umfassenden Erläuterung der Welt zur Klarheit verholfen haben, unterhält sich angeregt mit Neuankömmlingen und unterbricht sein Gespräch nur unwillig; er weiß kaum mehr, welche Zeitung wir immer kaufen.

Der Ort wartet offenbar gar nicht erst, bis wir abgereist sind. Schon während unserer Anwesenheit gibt er sich willig anderen hin. Unser Apartment – wird etwa bald jemand anderes es beziehen? Wir mögen gar nicht daran denken. Das gemietete Häuschen, wird es womöglich zu anderen ebenso freundlich sein wie zu uns? Oder wird es sich, wie im Gruselfilm, mit allen Mitteln gegen neue Mieter wehren?

Vermutlich nicht. Wir sind nicht einmalig, macht uns ausgerechnet der Urlaub schmerzlich klar. Man wird uns nicht vermissen. Erst als wir zu Hause die Fotos herumzeigen, sind wir wieder etwas Besonderes. Und nun geht der Urlaubsort doch noch in unseren Besitz über: Hier, das ist unser Haus, das war unser Baum, unsere Bank, unser Esel, unser Wirt, unser Winzer, unser Ort. Und hier, an unserem Felsen, ging immer die Sonne unter, nur für uns.

Wieder das Beste verpasst

Ein magisches Gesetz will es, dass wir das Beste stets zuletzt entdecken. Erst wenn wir fortmüssen. Trifft dieses Gesetz aufs ganze Leben zu? Dann müssen wir wiedergeboren werden. Auf Reisen jedenfalls gilt es.

Das weiß ich, seit ich in Freiburg meine Zeit mit der Bewunderung gotischer Baukunst vergeudete. Vor meiner Begleiterin prunkte ich mit Wissen über Strebebögen, bis ein Passant einwarf: »Das hier ist neugotisch, Sie suchen das Münster – das ist da drüben!« Blitzartig wurde mir klar, warum die Fotos im Führer nicht so ganz mit der besichtigten Kirche übereinstimmten. Es war zu spät. Wir mussten zum Bahnhof.

So geht es. Nicht immer, aber schmerzhaft häufig. Ich wette, Sie sind auch mal in den Tourbus gestiegen, in dem der Rest der Gruppe schon angeregt schnatterte. Und aus dem Geschnatter klang unangenehm deutlich die Begeisterung über ein »Hasenfenster« heraus. Hasenfenster? Was soll das denn sein? »Ja, hat man Ihnen das Hasenfenster nicht gezeigt? Das ist doch das Beste!« Der Busfahrer hupte bereits. »Können wir eben noch?« Nein. Die Türen zischten, der Motor heulte, adieu. Beim nächsten Mal.

Wir schaffen es, eine ganze Burg zu besichtigen, ohne die Prunkräume zu finden; erst als wir den Berg hinabsteigen, sehen wir das Hinweisschild. Wir steigen in Kyoto in den falschen Bus und versäumen deshalb Tempel und Kirschblüten. Entdecken beim Verlassen des öden Museums, dass es einen Rembrandt-Raum enthielt. Mit der Zeit wächst die Liste der Orte, an die wir noch einmal fahren müssten, weil wir beim ersten Besuch so viel übersehen haben.

Selbst wenn wir »Highlights« oder »Höhepunkte« gebucht haben, verpassen wir das Beste, weil wir an die Gruppe gebunden sind und unsere Zeit in Restaurants absitzen, in denen der Führer Provision einstreicht. Als Einzelreisende müssen wir feststellen, dass die Vergnügungsdampfer mit geschlossenen Gesellschaften ablegen und das Schloss nur für angemeldete Gruppen öffnet – »vor einer Stunde war eine da, der hätten Sie sich anschließen können«.

Wir kommen zwei Tage zu spät für den berühmten Spargel. Für die Austernsaison auf Land's End sind wir zu früh. In Neuengland ist der Höhepunkt der Blattfärbung gerade vorüber. In Kopenhagen haben wir das wochenlange Hoch um Haaresbreite verpasst, jetzt setzt der Regen ein. Wir ärgern uns über die dreisten Preise des Tropariums. Man tröstet uns: Jeden Mittwoch ist der Eintritt kostenlos. Mittwoch war gestern.

In New Orleans hören wir vom Hotel aus die Pauken und schleppenden Posaunen eines Trauerzuges. Ein Jazz Funeral! Schnell hin! Während wir uns durch die Straßen kämpfen, verebbt die Musik in der Ferne. »Das gibt es hier jeden Tag!«, behauptet der Hotelportier. Nur leider nicht mehr während unseres Aufenthalts.

Auf einem orientalischen Markt fühlen wir uns nach langem Herumstehen genötigt, eine Toilette zu suchen. Als wir zurückkehren, geht die einmalige Vorführung des Schlangenbeschwörers gerade zu Ende. In einer anderen Stadt hätten wir vom Hotel nur nach links abbiegen müssen statt nach rechts, schon wären wir im lebendigsten und charmantesten Viertel der Stadt gewesen. Wir entdecken es erst auf Umwegen am letzten Abend.

Während wir uns im Botanischen Garten gelangweilt haben, hat es auf dem mittelalterlichen Platz einen Wettstreit uralter Volkskunst gegeben. Es ist wie damals bei der Robbenfütterung im Zoo: Wir treffen erst ein, als die Leute sich schon wieder zerstreuen.

Wir wohnen an der falschen Küste und sehen deshalb die schönsten Teile der Insel nicht. Im alten Stadtkern wandern wir wehmütig an anmutigen kleinen Pensionen vorüber; wir wohnen in einem riesigen Kasten am Autobahnring. Die berühmte Fado-Sängerin hat ihr zweiwöchiges Gastspiel einen Tag vor unserer Ankunft beendet. In Florenz sind wir zur falschen Jahreszeit, in St. Germain sogar im falschen Jahrzehnt, und in Krakau befällt uns der Zweifel: Ist das überhaupt wirklich Krakau?

Wenn wir nach der Rückkehr noch einmal den Reiseführer lesen oder eine Sendung über unseren Urlaubsort sehen, beißen wir uns auf die Lippen. Das alles gab es dort? »Es war so schön«, berichten wir unseren Bekannten, »wir müssen nochmal hin!« Notfalls im nächsten Leben.

Auf der Schwarzen Liste

Zu den schmerzlichen Erinnerungen meiner Kindheit gehört, dass wir überstürzt Restaurants, Hotels und ganze Städte verließen. »Raus, kommt, weg hier«, polterte mein Vater. »Das lassen wir uns nicht bieten!«

Wir Kinder waren zu klein, um zu verstehen, was wir uns nicht bieten lassen durften, und meine Mutter zog es vor, sich schweigend zu fügen. Ein verdatterter Kellner blieb zurück, der behauptet hatte, der Tisch sei bereits reserviert. Oder ein livrierter Herr an der Rezeption, der uns ein Zimmer ohne Meerblick hatte andrehen wollen.

»Na, dann eben nicht!« Mein Vater stürmte hinaus, wir folgten verzagt. Oder die Stadt war verstopft, so dass er nach mühsamem Stau, schon nahe dem Ziel, zornig wendete, um nie mehr zurückzukehren. »Eine Unverschämtheit!« Der berühmte Turm der Stadt – er war schief – entschwand uns, ohne dass wir ihn gesichtet hatten. Mit der Zeit entstand eine Schwarze Liste von Restaurants, Hotels und Städten, die mein Vater nie mehr betreten würde. Gewisse Alpentäler und sogar ein ganzes herrliches Land wurden von seinem Bannfluch getroffen.

Nun, das ist einige Jahre her, und wir Kinder haben daraus gelernt. Wir sind zu verständnisvollen und einfühlsamen Reisenden gereift, zu überzeugten Anhängern eines sanften Tourismus, multikulturell tolerant. Selbst nach langem Nachdenken fallen mir höchstens ein paar Taxifahrer ein, mit denen ich nie wieder zum Flughafen fahren möchte. Und eine Fluggesellschaft, deren schnöseliger Steward mir ihren Namen für immer verdarb. Und da wir gerade bei Flughäfen sind: Auf Charles de Gaulle möchte ich ungern noch einmal umsteigen, eigentlich auch in Frankfurt nicht und möglichst nicht in Heathrow, von Delhi oder Sofia ganz zu schweigen.

Auf unserer Lieblingsinsel in der Nordsee gibt es ein überteuertes Restaurant, das bislang von einem Attentat verschont blieb. Ich wäre nicht derjenige, der sich beklagen würde. Restaurants – auf Reisen sind wir genötigt, sie aufzusuchen. Früh haben wir gelernt, dass das Schild »Internationale Küche« nichts Gutes verheißt. Wenn wir eine Schwarze Liste machen wollten, wäre sie lang von jenen Stätten, die wir gleich hinterm Eingang, nach entsetztem Rundblick, in panischer Kehrtwendung wieder verließen. Ebenso lang wäre sie mit Gaststätten, in denen wir erst beim Essen entdeckten, dass wir hätten kehrtmachen sollen.

Natürlich gibt es Speisen, die wir zu meiden gelernt haben: Ochsenmaulsalat, gefüllten Schafsmagen, korsischen Maden-Käse, in Amerika das Brot, in Tibet den Yakbutter-Tee. Sogar Spätzle und Schupfnudeln gehören dazu, seit sie in schwäbischen Landgasthäusern aus der Convenience-Tüte kommen. Wir boykottieren eine bestimmte Hotel-Kette und wollen keinesfalls wieder ein Queen-Size-Bett, schon gar nicht mit einteiliger Decke für zwei. Wir werden uns nie mehr in einem Vergnügungspark am Ende einer Schlange anstellen, die aussieht, als sei sie nur zehn Meter lang, und dann so perfide um Ecken und Wände geführt wird, dass erst nach zwei Stunden das erste Schild auftaucht: »Ab hier nur noch 90 Minuten«.

Wir haben gelernt. Denn auch wir sind übers Ohr gehauen worden. Auch uns ist man pampig gekommen. Deshalb ächten wir Grachtenboote, venezianische Gondeln sowie eine große Reederei und einen gewissen Veranstalter von Studienreisen. Wir werden nie mehr in jene gerühmte Metropole Osteuropas fahren und schon gar nicht in ein bestimmtes sonnenverwöhntes Land Südamerikas. Ja, es ist wahr, wir haben eine Schwarze Liste. Sie wächst in jedem Urlaub, bald nach dem Ankunftstag, wenn wir das erste Mal sagen: »Da gehen wir nicht mehr hin.«

Übrigens stehen auf der Liste auch Jan und Margarete, was niemanden wundern wird, der jemals mit ihnen gereist ist. Dagegen habe ich neuerdings Grund, mich zu wundern. Im vergangenen Herbst wendete ich mitten in einem unzumutbaren Stau vor einer Stadt namens Pisa: »Dann fahren wir eben woandershin!« Seither wollen meine Kinder nicht mehr mit mir verreisen.

Und als ich jüngst eine Pension buchen wollte, in der wir vor vielen Jahren idyllische Ferien verbrachten, stutzte die Dame am anderen Ende der Leitung. »Waren Sie schon einmal bei uns?« Ich bestätigte stolz. »Kann es sein, dass Sie damals einen Badeteppich mitgenommen haben? Sie stehen bei uns auf der Schwarzen Liste.«

Aber es war trotzdem schön

Verzeihen, Trost spenden, aus Niederlagen Kraft schöpfen: Was andere in aufreibenden Seminaren trainieren, erlernen wir mühelos auf Reisen. Es bleibt uns gar nichts anderes übrig. Weil immer etwas schief geht und ganz anders eintrifft als erhofft, müssen wir uns selbst trösten. Und spätestens zu Hause, vor schadenfrohen Zuhörern, müssen wir alles unerbittlich ins Positive wenden. »Aber insgesamt war es schön«, sagen wir im schlimmsten Fall, wenn wir die Reise knapp überlebt haben.

Doch unsere Kunst des rosigen Verbrämens ist schon bei Kleinigkeiten und vor Ort gefragt. Der Bus hat uns mit vielen anderen Touristen vom Flughafen abgeholt, nun klappert er die Hotels ab. Bei jedem herrlich gelegenen Prachtbau hoffen wir: Das wird wohl unseres sein. Grüppchenweise steigen erfreute Reisende aus, wir jedoch sind noch nicht dran. Allmählich liegt die Altstadt weit hinter uns, das Meer ist längst nicht mehr zu sehen. Hier draußen in der Einöde befinden sich immer noch Hotels. Immerhin, sie sind neu. So neu, dass sie noch gar nicht ganz fertig sind. Beim allerletzten, der Bus ist schon leer, dürfen wir raus. Zum Glück ist es schon dunkel, so dass wir das ganze Ausmaß nicht sehen. »Dafür ist es hier ruhig«, sagen wir gefasst. »Und wahrscheinlich kommen nicht so viele Zufallstouristen her.« Bestimmt nicht. Dafür werden wir bei Rundfahrten die Ersten sein, die in den Bus einsteigen müssen, und am Abend die Letzten, die aussteigen dürfen. »Aber man kommt ja sonst nicht so viel zum Busfahren.« Das ist positives Denken!

Anderswo ist uns das Glück unverhofft gnädig: Im Hotel erfahren wir ein Upgrade. Statt unseres gebuchten Zimmers bewohnen wir plötzlich eine Suite, weil die angemeldeten Gäste ausgeblieben sind. Herrlicher Meerblick! Unendliche Weiten! Am folgenden Tag treffen die Gäste leider doch ein. An der Rezeption teilt man uns lächelnd mit: »Endlich können Sie in Ihr Zimmer umziehen!« Ja, schön. Nun geht der Blick aufs Gewerbegebiet. »Aber eigentlich sind kleine Zimmer auch gemütlicher«, fällt uns ein. Und unserem Partner: »Die Suite war unter Feng-Shui-Aspekten ganz ungünstig geschnitten. Ich fürchte, dass die Leute sich da nicht wohl fühlen werden!« Na, hoffen wir es.

Doch die Hoffnung stirbt auf Reisen meist als Erstes. Obwohl wir wissen, dass die Katalogbilder nur bei bestem Wetter und mit extremem Weitwinkel aufgenommen sind, tappen wir immer wieder in die Falle. Vor Ort, sagen wir, in Nassau, erfahren wir dann von Einheimischen, dass der legendäre Sonnenuntergang nur an durchschnittlich zehn Tagen im Jahr zu sehen ist. Meistens ist es dunstig oder es regnet. »Seien Sie froh, dass wir keinen Hurrikan haben.« Tja, dann seien wir mal froh.

Bei der großen Donaufahrt in Budapest ebenso wie bei der großen Moselfahrt in Cochem bequemt sich der Dampfer anderthalb Kilometer flussaufwärts, dann anderthalb Kilometer flussabwärts. Eigentlich hätten wir gar nicht einzusteigen brauchen. »Immerhin haben wir jetzt mal den Campingplatz vom Fluss aus gesehen«, streichen wir positiv heraus. Anderswo wandern wir aus einem Städtchen in glühender Hitze meilenweit zum Sommerschloss hinaus. Dort bedauert man; es ist wegen

Restaurierungsarbeiten geschlossen. Ach so, klar, deshalb fuhr der Bus auch nicht. Und zurück natürlich ebenfalls nicht. »Schön, dass wir mal zum Wandern kommen.«

Wir treffen Anfang Oktober in Lillehammer ein, in dem ruhmreichen Ort für Hummer und Fischspezialitäten. Leider wurde die Saison am 30. September beendet. Die Restaurants, bis auf ein paar Imbissbuden, haben geschlossen. Das fröhliche Ferienpersonal ist abgereist, widerwillige Restbestände wollen uns heiße Würstchen andienen. Wir sehen es positiv: »Stell dir nur vor, wie voll es sonst wäre, nicht zum Aushalten! Wir haben es wieder mal perfekt getroffen!« Aber am nächsten Tag reisen wir doch lieber ab.

In Wien regnet es die ganze Zeit. »Aber es kommt ja sowieso nur auf die Museen an«, versichern wir uns. »Und außerdem schaffen wir es so endlich mal, uns neue Regenkleidung zu kaufen!« In Helsinki steigen wir in die berühmte Ringstraßenbahn, mit der man zum gewöhnlichen Ticketpreis eine komplette Stadtrundfahrt erlebt. Leider ist an der dritten Station gerade ein Volksfest zu Ende gegangen. Betrunkene Massen drängen in den Wagen und grölen uns an. »Es ist immer schön, ein Land auch von seiner volkstümlichen Seite kennen zu lernen«, sagen wir mit gefrorenem Lächeln.

Um nicht enttäuscht zu werden, erwarten wir schon gar nichts mehr. Bei der Grachtenfahrt sehen wir nicht das winzigste Eckchen der berühmten Häuserzeilen, weil das Boot so tief liegt und die Bäume sommerlich dicht belaubt sind. Sollen wir ihnen einen Vorwurf machen? Nein, wir stellen glücklich fest: »Nun haben wir das wenigstens auch hinter uns.« Denn darauf kommt es schließlich an. Dass wir es hinter uns haben. Geben wir es zu: Oft ist es das Beste an einer Reise!

Weihnachten? Wir sind verreist

Weihnachten zu Hause, das lohnt nicht mehr. Als wir Kinder waren, beschränkte sich unsere Investition auf Untersetzer aus gebügelten Strohhalmen plus kurzem Flötenspiel. Dafür fuhren wir reiche Ernte ein. Inzwischen erleiden wir Defizite. Unsere Eltern, die einst alles für uns taten, erwarten mittlerweile, dass wir alles für sie tun. Dicke Onkel freuen sich auf unsere Kochkunst.

Tante Dagmar, die ehemals großzügig war, verlangt, abgeholt zu werden, und überreicht dafür Parfums, von denen wir dachten, sie seien längst verboten. Jüngere Familienmitglieder versuchen, uns mit Untersetzern aus gebügelten Strohhalmen abzuspeisen.

Schluss damit! Cut! Wir verreisen. »In diesem Jahr wollen wir es mal anders machen«, erklären wir und setzen wahrheitswidrig hinzu: »Wir können uns dann ja in Ruhe im neuen Jahr sehen!« Die anderen ringen sich zu Verständnisäußerungen durch. Falls sie betrübt klingen, geloben wir: »Wir schicken euch eine Postkarte.« Und die Beleidigten bekommen den Trost: »Wir bringen euch etwas mit.«

Na bitte. Das war's auch schon. Was für eine Erleichterung! Bereits die Aufkündigung unserer Feierbereitschaft entspannt derartig, dass wir kaum noch zu verreisen brauchen. Nun haben wir es allerdings verbreitet. »In den Süden«, haben wir verschwommen geäußert. Müssen wir tatsächlich nach Tunesien, in die Karibik oder gar nach Vietnam? Oder reicht es, dass wir die paar Kilometer in unser Wochenenddomizil fahren? Es liegt ja im Süden, zumindest von Norden aus gesehen. Na, dann machen wir das doch einfach! Völlig stressfrei.

Aber, Moment, was ist dann mit Postkarten? Sollen wir Menzels bitten, unsere Nachbarn? Die fahren immer nach Gomera. Wir könnten die Blumenpostkarten vom Apothekenkalender mit netten Bemerkungen beschriften: »Wetter herrlich, vermissen euch sehr.« Menzels müssten dann den Stapel auf Gomera frankieren und einstecken. Für die Briefmarken kämen wir auf. Oder tragen die Postkarten hinten einen deutschen Aufdruck? Müssen wir Menzels noch dafür bezahlen, dass sie vor Ort Originale kaufen und selbst beschriften? Ach, Moment: Wir haben ja noch jede Menge unverbrauchter Postkarten aus früheren Ferienorten! Wenn auch aus verschiedenen Regionen. Der greise Onkel bekäme eine Karte aus Wien, unsere Eltern eine von den Niagarafällen und Tante Irmel eine vom Ayers Rock. Wir müssten natürlich verschiedene Daten wählen, damit der Eindruck einer zügigen Weltreise entsteht. Dass alle Postkarten auf Gomera abgestempelt sind, wird den betagten Empfängern nicht auffallen.

Nein, jetzt haben wir es: Wir sparen diesen logistischen Aufwand, mit dem wir uns obendrein bis zum Lebensende bei Menzels erpressbar machen. Wir ordern einfach via Internet Mitbringsel aus irgendeinem Urlaubsort! Jedes Tourismusbüro betreibt mittlerweile einen Online-Shop. Mit einem Dutzend andalusischer Torero-Püppchen würden wir gleichzeitig unserer Geschenkepflicht genügen. Noch bequemer: das Pyramiden-Selbstbau-Set aus Pappe. Das lässt sich am leichtesten verschicken.

Wir fahren also nach Ägypten. In unserem stillen Wochenendhaus werden wir genügend Muße haben, uns ein paar rudimentäre Informationen über das Land anzulesen, mit denen wir nach unserer fiktiven Rückkehr prunken. Wahrscheinlich läuft über Weihnachten auch »Ben Hur«, so dass wir lebendige Schilderungen aus dem alten Orient einflechten können.

Nun geht es nur noch darum, peinliche Treffen in der fraglichen Zeit zu vermeiden. Auf ewig brennt in unserem Gedächtnis, wie wir den runden Geburtstag von Christian umschifften: »Haben leider diese Reise nach Angkor Wat gebucht, die lässt sich nicht mehr stornieren!« Am Vortag der Feier trafen wir seine Tochter in einem entlegenen Supermarkt auf dem Land. Wir hatten da unser Wochenendhäuschen. Aber was wollte sie? Uns ausspionieren? Unsere zusammengeschusterte Erklärung – »plötzlich krank geworden, seltenes Virus« – nahm sie mit abgründigem Lächeln zur Kenntnis. Ihrer Familie brauchen wir jedenfalls keine Karte zu schreiben. Nie mehr.

Und jetzt, knapp vor unserer virtuellen Abreise, meldet sich unser pingeliger Cousin. Er richte statt unser die Feier aus, lässt er wissen. »Also, ruft Heiligabend wenigstens an!« Leider schaffen wir es nie, pünktlich zu einem Fest anzurufen. Später beteuern wir immer: Es war ständig besetzt! »Das braucht ihr bei mir gar nicht erst zu versuchen«, informiert er uns kühl. Stimmt, er hat so ein Telefon, auf dem alles angezeigt wird, vor allem das Geheimste. Wie, um Himmels willen, zaubern wir Heiligabend eine ausländische Nummer auf sein Display? Wir sehen uns an, in stummer Resignation. Bleibt noch ein Ausweg? Da klingelt es. »Ich habe gehört, Sie reisen in den Süden?«, lächelt Herr

Menzel und raunt: »Wir verziehen uns ins Wochenendhaus.« Dann überreicht er einen dicken Stapel Ansichtskarten. »Einfach an Ihrem Reiseort frankieren und einstecken. Gute Reise! Und frohes Fest.«

Reisen zur Selbsterkenntnis

Reisen, meinte Mark Twain, führt zur Selbsterkenntnis. Zum Glück stimmt das nur selten. Doch es gibt Reisen, die tatsächlich in die Tiefe führen sollen. Unser Yoga-Lehrer empfiehlt sie oder veranstaltet sie gleich selbst. Unser fortschrittlicher Pfarrer lädt zur Kontemplationswoche in winterlicher Kargheit. Oder der Meditationslehrer verspricht Versenkung und geistiges Erwachen.

Damit klar ist, dass es sich nicht um Urlaub handelt, wird so eine Reise »Retreat« genannt. Das hört sich nach Rückzug an, vor allem von den erfreulichen Seiten des Lebens. Doch wer inneren Frieden erlangen will, kommt um ein Retreat nicht herum. An vielen Abenden beim Qi-Gong-Meister oder Zen-Lehrer hat es nicht geklappt mit der Erleuchtung, auch nicht an Intensiv-Sonntagen mit Selbsterfahrung und gemeinsamem Mittagessen.

Vielleicht also jetzt, auf dem Land, in mehrtägigem Schweigen. Egal, in welche Region es geht, unser Domizil nennt sich »Haus der Stille«. Mit hoher Wahrscheinlichkeit wird es geleitet von einer frustrierten Mittfünfzigerin, die vor dreißig Jahren mit Buddhismus begonnen hat. Hat nix geholfen. Sie ist einfach nur gealtert, und ihr Mann ist irgendwann abgehauen. Uns kann das nicht entmutigen. Wir machen es besser.

Wir sind erwartungsfroh und zugleich ein bisschen furchtsam, besonders nach Inspektion der Zimmer. Das sind karge Mönchszellen mit schmalen Betten und einer extratrüben Lampe, damit wir nicht auf die Idee kommen, in Lektüre zu fliehen. Die Waschräume wurden lange nicht renoviert. Wir werden sie seltener aufsuchen als unsere heimische Dusche, zumal die hauseigenen Handtücher vor Altersschwäche zerbröseln.

Wir sprechen uns gegenseitig Mut zu: In der Kargheit liegt die Wahrheit. Zum Beispiel, wenn abends um acht die Heizung abgeschaltet wird und das Licht im Flur erlischt. Der Kursleiter im Haupthaus wohnt komfortabler. Klar, er ist Meister. Er hat das Leiden hinter sich gelassen. Wir üben uns in Akzeptanz. Wir haben gelernt: Alles ist richtig so, wie es ist.

Beim Sitzen im Meditationsraum ersehnen wir, dass es hier draußen mal endlich klappt mit der Stille. Doch wenn der Essensgong ertönt, schleichen sich fremde Gedanken ein. An den ersten Tagen sind sie noch hoffnungsvoll. Aber dann gibt es jeden Morgen gequollene Flocken mit Trockenobst, dazu Milch mit Haut. Jeden Mittag Getreide mit rätselhafter Gemüsepampe. Jeden Abend Brot und Scheibletten vom Großmarkt.

Wir kauen schweigend. Innerlich widerstrebend, äußerlich demütig, fügen wir uns in den Küchendienst. Es ist wie damals in der Jugendherberge. Nur dass wir jetzt wissen: Alles ist göttlich.

Auf Spaziergängen begegnen wir Teilnehmern, denen wir wohlwollend zulächeln mit der Botschaft: Alles ist Frieden, alles ist Liebe. Normalerweise würden wir mit solchen Leuten allerdings nicht verreisen. Wir treffen auch einsam Wandelnde mit verweinten Gesichtern. Vermutlich laufen wichtige Prozesse in ihnen ab.

Und dann gibt es auf jedem Retreat einen Witzbold, der unbekümmert das Schweigegebot bricht. Wir sind ihm dankbar. Erstens, weil wir uns überlegen fühlen können. Zweitens, weil wir auch schon heimlich eine SMS abgesetzt haben. Beim Erfahrungsaustausch blickt uns der Meister lange in die Augen. Sieht er unser Vergehen? Etwa auch, dass wir im Auto sitzend Radio gehört haben, wegen der Fußballübertragung?

Er wendet sich ab. Wie geht es dir jetzt mit deiner Wut?, fragt er einen anderen. Der berichtet von ermutigenden Fortschritten. Die verweinte Frau ist inzwischen in Kontakt mit verschütteten Gefühlen gekommen. Wir sehen heimlich auf die Uhr.

Uns fällt ein, dass wir den Atem beobachten sollen. Aber irgendjemand riecht nicht gut. Sind wir es selbst? An den ersten Tagen hat man sich noch die Mühe gemacht, die Kleidung zu wechseln. Seither laufen alle in denselben Klamotten herum. Form ist ja Leere. Niemand schnürt noch die Schuhe zu, man muss sie doch dauernd ausziehen. Es ist eben alles völlig bedeutungslos. Hatte der Buddha das nicht auch schon erkannt? Und wie sagte er noch? Alles, was einen Anfang hat, hat auch ein Ende. Sogar ein Retreat!

Am letzten Tag gibt es Eis mit Schlagsahne, damit wir eine positive Erinnerung mitnehmen. Wir versichern uns gegenseitig, dass wir enorm viel Ballast losgeworden und total in die Stille gelangt sind. Sogar die Verdauung ist vollkommen zum Erliegen gekommen. Wir fühlen tiefe Dankbarkeit. Unter anderem dafür, dass wir jetzt wieder ganz oberflächlich und nur zum Vergnügen verreisen dürfen. Zu so viel Selbsterkenntnis hat es gereicht.

Übernachtung bei Freunden

In wirtschaftlich schwierigen Zeiten rücken die Menschen wieder enger zusammen. Und auch wir erinnern uns wärmender Werte. Freundschaft, Nähe, Harmonie! Und dabei wird uns bewusst: Wir sind für unsere Frühlingsreise gar nicht auf teure Hotels angewiesen. Wir haben ja Freunde! Freunde, die uns immer schon gesagt haben: Wenn ihr mal in unsere Gegend kommt, könnt ihr jederzeit – und so weiter.

Womöglich glaubten die Freunde, wir würden nie in ihre Gegend kommen. Doch da haben sie sich getäuscht. Sie mögen noch so weit von der Autobahn entfernt wohnen – wir bauen jeden Schlenker ein. Erstens ist das liebenswert. Und zweitens sparen wir durch diese Besuche so viel, dass im Sommer ein Traumurlaub drin ist! Natürlich kommen wir nicht völlig kostenlos davon. Wir müssen etwas mitbringen. Aber da können wir endlich den Plunder aus unserer Geschenkeschublade entsorgen!

Und wirklich, wir bereiten Freude. Ralf und Linda, die auf dem Land wohnen, freuen sich mächtig über den kleinen Eiffelturm als Gruß aus der Welt. Sie bieten ein separates Gästezimmer, mit eigener Dusche. Es ist urgemütlich. Vor dem Fenster rauscht ein Baum. Nach drei Tagen haben wir bereits das Gefühl, Ralf und Linda könnten ruhig verreisen. Wir kämen ohne sie ganz gut zurecht. Stattdessen überraschen sie uns mit der Frage, wohin wir noch fahren wollen? Ob wir nicht allmählich aufbrechen müssten, um die geplante Route zu schaffen? Auf unser eiliges Angebot, wir könnten auch mal einkaufen und kochen, gehen sie nicht mehr ein. Na schön. Andere wissen uns mehr zu schätzen.

Ulli und Katharina zweihundert Kilometer südwestlich warten schon ungeduldig. Leider stellen wir fest, dass sie in trostloser Gegend gebaut haben. Eine plausible Entschuldigung fällt ihnen nicht ein. Für Gäste haben sie den Dachboden getäfelt, jedenfalls zur Hälfte. In der anderen steht Gerümpel. Es ist ein bisschen zugig da oben, und zum Bad müssen wir eine knarrende Stiege abwärts. Naja. Wenn wir Hoteltester wären, würden wir hier keine Sterne verteilen. Katharina kocht mit wenig Inspiration. Gut, dass wir den beiden als Geschenk nur das Zahnputzbecher-Set mit kleiner Tube überreicht haben.

Überraschenderweise wird es bei Lothar und Jutta nicht besser. Jutta sei gerade ausgezogen, teilt Lothar mit. Warum? Weil unser Besuch anstand? Er wirkt grau und unrasiert. Wir schenken ihm Tante Gertruds Weinbrandbohnen, deren Verfallsdatum zwar vor ein paar Jahren abgelaufen ist, aber in seinem Zustand spielt das wohl keine Rolle mehr. Wir sind entschlossen, uns trotzdem wohl zu fühlen. Mehr als das verwaiste Kinderzimmer kann er uns allerdings nicht bieten. Über eine Modelleisenbahn stolpern wir zum Stockbett. Die Sicherheitsbalustraden sind schwer überwindbar, zumal wir nicht mehr durchs Einstiegsloch passen. Am Morgen fällt uns ein, dass wir enorm knapp in der Zeit sind.

Wir haben ja noch Brit unseren Besuch versprochen. Sie wird

uns aufheitern. Doch das geht nicht, erfahren wir bei unserem Anruf; dort ist Jutta untergekrochen. Wir müssen umdisponieren. Dadurch kommen wir nun zu früh bei Karen und Michael an. Das Bettzeug ist noch nicht gewaschen. Lediglich Schwager und Schwägerin hätten darin geschlafen, und nur zwei Nächte, ob uns das was ausmache? Wir schweigen und überreichen als Antwort den angejahrten Postkartenkalender »Blumen und Verse«.

Aber irgendwie ist jetzt der Wurm in unserer Reise. Bei Schraders müssen wir in den Keller, wo es schimmelig riecht und die Tiefkühltruhe brummt. Am nächsten Tag sollen wir sogar beim Möbelrücken helfen. Tom und Steffi speisen uns mit Luftmatratzen ab, durch die wir bei jeder Umdrehung den Fußboden spüren. Über Nacht entweicht die Luft ganz und gar, nur nicht aus dem Kopfteil. Auch ist kaum etwas zu essen im Haus. Es scheint, als eile uns ein verleumderisches Gerücht voraus.

Lars bietet nur ein durchhängendes Sofa an. In schlafloser Nacht sehen wir einen Schatten heranschleichen. Etwas leckt kalt über unsere Hand und knurrt bis zum Morgen. Als wir uns bei Raabes ankündigen, behaupten sie, sie müssten früh weg, aber wir könnten das Baby hüten. Bergers schicken uns auf den Dachboden und schieben hinter uns die Falltür zu; wir sollten im Notfall klopfen.

Bei Anja ist endgültig Schluss. Die Truhe mit dem Bettzeug ist jahrelang nicht geöffnet worden, die Haare in der Dusche stammen vom Vormieter, und im Gästeverschlag kriechen kleine schwarze Punkte über die Wand. Ausgerechnet hier sind wir am weitesten Ort unserer Reise. Es hilft nichs, wir müssen eine dringende Familienangelegenheit vortäuschen.

Mit zitternden Fingern durchfliegen wir den Hotelführer. Nur teuerste Häuser können uns noch retten. Jetzt müssen wir die Wirtschaft ankurbeln. Aber wo nur, wo sind die menschlichen Werte geblieben?! Auf der Rückfahrt gehen erste Anrufe ein. Die Freunde kündigen Gegenbesuche an.

Ein Ehepaar erzählt

Es macht viel Spaß, von einer Reise zu erzählen. Vielleicht nicht ganz so viel, wenn man dabei unterbrochen wird. Und noch etwas weniger, wenn man sich dabei korrigieren lassen muss, etwa vom eigenen Partner. Unser solidarischer Gefährte wechselt sonderbar schnell in die Opposition, wenn andere zugegen sind. In freundlicher Runde schildere ich unsere Wanderung durch ein schottisches Hochmoor. »Und dann«, berichte ich unschuldig, »blieb sie stecken!« Gemeint ist meine Frau, die den morastigen Untergrund arglos betrat. Sie wäre bis zu den Knien eingesunken, hätte ich sie nicht in selbstlosem Heldenmut gepackt und gerettet. Lediglich der linke Schuh blieb für immer im schmatzenden Schlamm.

Darf ich davon nicht erzählen? »Nur weil er unbedingt diese Abkürzung nehmen wollte!«, beschwert sich meine Frau. »Dabei war es gar keine Abkürzung. Er hatte nur die Karte nicht richtig gelesen.« Na, na! Noch heute habe ich die Karte präzise im Kopf. Es war eine Abkürzung! Nur eine umständliche, etwas langwierige, das gebe ich zu.

Aber so ist es nun mal: Selbst Menschen, die sich gut verstehen, interpretieren Reisen oder Abschnitte davon ganz unterschiedlich. Meine Idee, an der bretonischen Küste jeden Abend ein anderes Fischrestaurant auszuprobieren, erscheint mir noch heute einleuchtend. Meine Frau hingegen will nie wieder hin. Aber warum mag sie auch partout keinen Fisch?

Umgekehrt stimmt sie nicht zu, wenn ich von langen Warteschlangen abrate, etwa vor Sixtinischen Kapellen, Uffizien oder Grachtenfahrten: »Dafür lohnt es sich nicht!« Sie schüttelt den Kopf: »Ach, das Warten habe ich nicht bereut. Ich habe mich gut amüsiert. Man kann doch die Leute beobachten! Er wird immer so schnell ungeduldig.« Leute beobachten! Fahren wir dazu in Urlaub? Ich verreise, um etwas ganz anderes zu erleben.

»Es war großartig, wie wir den Rundgang um die Insel gemacht haben, bei Sturm und Regen«, erzähle ich den lauschenden Freunden. »So vollkommen den Elementen ausgesetzt, das ist eine ganz eigene Erfahrung.« Die Freunde nicken anerkennend. »Aber damals«, wirft meine Frau ein, »hast du die ganze Zeit gejammert!« Die Freunde lächeln erfreut ob dieser Wendung.

Dann darf ich vielleicht an die Tiroler Wanderung erinnern? »Lustig war es doch, wie bei deinem Rock das Gummiband riss! Es muss vorher schon mürbe gewesen sein, aber dass es nun ausgerechnet beim Nordic Walking kaputtging.« Ich bitte die Zuhörer um Mitgefühl: »Schließlich brauchte sie ja beide Hände für die Stöcke.«

Alle genießen die Vorstellung. Meine Frau winkt ab: »So was kann ich locker handeln. Das Problem war, dass er die ganze Zeit Magenprobleme hatte.« Unsere Freunde fühlen sich bestens unterhalten. Meine Frau gibt sich einfühlsam: »Was war es noch, was du nicht vertragen hast? Eigentlich doch etwas ganz Normales. Backerbsen?« Ich habe kein Interesse, danach in meinem Gedächtnis zu graben.

Stattdessen erlaube ich mir, an unseren Gang durch eine italienische Altstadt zu erinnern. »Es soll ja der schönste mittelalterliche Stadtkern Europas sein, vollkommen erhalten«, schwärme ich wehmütig. »Aber wir haben nicht viel davon gesehen, leider.« Ich weise auf die Füße meiner Frau. »Sie hatte wieder die falschen Schuhe mit.«

Okay, das »wieder« hätte nicht sein müssen, aber es war nicht das erste Mal! Und darf ich noch etwas anfügen? »Als es dann ums Shopping ging, hattest du eigentlich keine Probleme mehr.«

Aber, oh, ein Mann muss vorsichtig sein. Jetzt kramt meine Frau die Fotos heraus. »Phantastisch war dagegen diese Stadtbesichtigung«, behauptet sie und zeigt Bilder herum, die eigentlich gar nicht die Stadt zeigen, sondern immer nur denselben schmalzlockigen Guide. »Da haben mir auch die Schuhe nichts mehr ausgemacht.«

Die Frauen in der Runde sind begeistert. Es war ein angeberischer Schmier-Charmeur mit dürftigsten Kenntnissen. Aber natürlich erinnere ich mich, wie rosig durchblutet meine Frau seinen geistlosen Erläuterungen folgte. »Nanu!«, ruft sie jetzt verblüfft. »Aber wie kommt denn jetzt dieses Foto hier rein? Das gehört doch zu unserer Ägypten-Reise?«

Den Trick kenne ich. »Aber gut«, sagt sie. »Dann seht es euch ruhig an.« Das Foto erinnert an einen schmachvollen Augenblick. An den Kamelritt. Nachdem damals selbst die greisesten Mitreisenden die Runde absolviert hatten, traute ich mich endlich auch auf das lahme Tier. Für Ewigkeiten dokumentiert nun dieses Foto, wie ich mich bleich oben festkralle, mit extrem unsouveränem Gesicht.

»Ach ja, unsere Reisen sind schön«, seufzt meine Frau. »Ja«, sagen die Freunde, »und ihr könnt immer so gut davon erzählen.«

Wir bleiben schlank

Beim nächsten Mal bleiben wir schlank. Das ist beschlossen und nicht mehr zu ändern. Genau genommen müssten wir natürlich schlank *sein*, um es bleiben zu können. Aber es geht nicht um Rekorde. Es geht darum, dass wir ohne Fettaugen und erworbene Schweratmigkeit aus dem Urlaub zurückkehren. Im Alltag ernähren wir uns bereits vorbildlich. Jetzt auch in den Ferien.

Es sind immer die Reisen gewesen, die uns aufgebläht haben. Ein paar Jahre lang haben wir Schmeichlern geglaubt, die uns bei jeder Rückkehr verjüngt fanden und fragten, ob wir beim Liften gewesen seien. Tatsächlich waren Falten verschwunden. Allerdings nicht durch Unterspritzen, sondern durch Unterfüttern. Wir hatten sie von innen aufgefüllt.

Schluss damit. Wir wollen nicht länger die Behauptung aufrechterhalten, wir bekämen beim Rückflug stets kleinere Maschinen als auf dem Hinflug. Bei der Heimkehr wirken die Sitzreihen deutlich verengt, und die Gurte sind von Sadistenhand streng gestrafft.

Woran liegt es, dass bereits in der dritten Urlaubsnacht das Schlafen in Seitenlage oder gar auf dem Bauch problematisch wird? Der Schwerpunkt scheint Richtung Nabel gerutscht. Nur dort liegt der Körper noch auf, wie bei einer Robbe im Balanceakt.

Liegt es am Frühstücksbuffet? Das ist eindeutig üppiger als daheim, wo wir zum Aufbau eines Buffets morgens nur selten Zeit haben. Sollen wir nun auch im Urlaub nur Müsli kauen, statt den Teller mit Brötchen, Eiern, Schinken, Lachs, Würstchen und Kuchen zu füllen, was ja alles angeboten wird und wofür wir bezahlt haben? Das wäre Schlankheit am falschen Ende. Rufen wir uns lieber ins Gedächtnis, dass man morgens wie ein Kaiser essen soll. Dann sparen wir das Mittagessen.

Ging übrigens der Kaiser nach ausgiebigem Frühstück gleich wieder schlafen? Uns ist danach. Nur sind wir zur Besichtigung verdammt. Zahlreiche Sehenswürdigkeiten haben Sterne und wollen abgehakt werden. So schleppen wir uns in die Altstadt. Immerhin, Besichtigen macht schlank! Besonders das Vortäuschen kulturellen Interesses verbraucht spürbar Kalorien. Genug jedenfalls bis zur Mittagspause. Wir wollen lediglich ausruhen. Doch es ist schwierig, einen Sitzplatz zu finden, der nicht zu einem Restaurant gehört. Wir müssen wohl eine Kleinigkeit zu uns nehmen. Auf Studienreisen sind wir sogar zu großen Portionen verpflichtet, andernfalls bekäme unser Führer keine Provision.

Wie lautet doch der Expertenrat? Viel frisches Obst und Gemüse? Gewiss, aber Obst, gewaschen oder ungewaschen, führt in exotischen Ländern oft zu so durchgreifenden Schlankheitskuren, dass die Betroffenen mit dem Hubschrauber ausgeflogen werden müssen. Gemüse besteht meist aus drei Gurkenscheiben am Tellerrand oder einem Fuder Zwiebelringen auf verkohltem Fleisch. Was haben wir da vor uns? Ein gut abgekochtes Schnitzel? Durchgeschmorte Innereien? Ein vom Blitz getroffenes Huhn? Vorsichtshalber entscheiden wir uns für die graubraune Nudelpfanne »tricolore«. Oder für die pilzlastige Mischung aus dem Wok, die von all dem Glutamat glänzt, das aus Deutschland abgeschoben wurde. Als Alternative winken pappige Sandwiches, schwere Mehlsoßen und sozialistische Eintöpfe in ungenügend kapitalisierten Ländern.

Wie sollen wir schlank bleiben? Unser Magen erweitert sich resignierend zum Plumpsack. Kommt dazu, dass wir das Land nicht verlassen dürfen, ohne seine berühmten Spezialitäten zu probieren: Rüblitorten, Marillenknödel, Halva, Lokum, Turrón, Profiterole. Ab jetzt müssen wir, bevor wir uns vom Platz erheben, den Tisch schnaufend beiseite schieben.

Bekanntlich gibt es einen Weg, die Verdauungssäfte in Gang zu bringen: die klaren und dunklen Flüssigkeiten, die speziell zu diesem Zweck in der Urlaubsregion entwickelt und gekeltert wurden. Aufgrund einer leisen Furcht, die Abende könnten lang werden, legen wir einen beträchtlichen Vorrat davon an. Die Einheimischen tunken übrigens Kuchen in den Wein. Ja, warum nicht? Als wir am anderen Tag den Fotoapparat um den Hals hängen, springt er bei jedem Schritt federnd vom Bauch ab wie von einem Trampolin.

Es wäre unpassend, sich jetzt am Strand zu zeigen. Obwohl die Barockmalerei unseres Ferienlandes beweist, dass körperliche Fülle einst als Merkmal von Wohlstand und Erotik bewundert wurde. Aber wo sind die Barockmaler? Wir werden lediglich von einer Fernsehreporterin angesprochen. Sie sucht Mitwirkende für ihre Dokumentation »Wir sind rund, na und?«.

Schluss, aus, abgelehnt. Beim nächsten Mal reisen wir schlank.

Wie man den Urlaub in den Alltag rettet

Meine Tante Gertrud war eine empfindsame Weltreisende. Jetzt habe ich »das Kostbarste, was ich besitze«, von ihr geerbt: eine umfangreiche Seifensammlung. Gertrud folgte der Gewohnheit, auf jede Reise eine andere Seife mitzunehmen. Sie wusch sich in Umbrien die Hände mit einem anderen Duft als auf Korfu, befuhr die Donau mit einem anderen Duschgel als den Nil. Und sie erntete den Lohn für diese Mühe nach der Rückkehr: Sooft sie dann an der Mandelseife roch, tauchte ganz Andalusien samt weißen Städten und Steineichen in ihrer Seele wieder auf. Um ihr Griechenlanderlebnis aufsteigen zu lassen, genügte ihr ein Griff zur Jasmin-Seife. Und so fort.

Für mich, der ich jetzt an ihren Seifen schnuppere, stellt sich dieser Effekt natürlich nicht ein. Es war ihr persönlicher Kunstgriff, das Urlaubsgefühl zu bewahren. Wie machen Sie es oder ich? Wie verlängern wir die Reise in den Alltag hinein? Als Erstes haben wir unsere Fotos. Neuerdings spielen wir sie via CD über den Fernseher ab, was den Schrecken vorzeitlicher Diaabende vollgültig wiederherstellt. Es ist nicht unser Schrecken, sondern der unserer Gäste, die wir bis zur Halskrause mit unseren Erinnerungen abfüllen. Mögen sie innerlich abschalten – uns dient es zur Auffrischung unseres Urlaubsgefühls.

Apropos Fernseher: Nach der Reise suchen wir das Programm nach Sendungen über unseren Urlaubsort ab. Wenn wir gerade von den Malediven heimgekehrt sind, fragen wir uns, warum nicht mehr Sendungen über die Malediven gebracht werden. Wozu zahlen wir Gebühren? Wir könnten solche Sendungen kompetent kommentieren: Ja, die Ecke kennen wir! Oh, das sieht aber in Wirklichkeit ganz anders aus!

Und wir können die Musik aus unserem Reiseland hören. Wir haben CDs oder Kassetten mitgebracht, die man hier garantiert nicht bekommt. Sobald wir sie einlegen, ahnen wir auch, weshalb: Vielleicht ist die Musik gar nicht so toll, wie sie uns zwischen Pinien oder mit Pyramidenblick vorkam. Wir spielen sie Freunden vor. Die reagieren höflich.

Es ist so ähnlich wie mit dem Wein aus der Gegend. Beim ersten Schluck nicken wir uns glücklich zu, beim zweiten werden wir nachdenklich, beim dritten seufzen wir: Man muss ihn wohl doch da unten trinken. Auch der sonderbare Likör vom Balaton oder der Pisco Sour aus Chile machen uns hier nicht halb so glücklich wie am Ursprungsort. Der Alltag ist ein strengerer Richter als der Urlaub. Aber nun kochen wir, was wir dort unten gegessen haben. Kommen wir aus Spanien zurück, essen wir von nun an nur noch Tapas. Waren wir in Israel, kochen wir aufopfernd Kichererbsen, um Humus herzustellen, mit reichlich Knoblauch, der hier leider mehr auffällt als am Mittelmeer.

Aus Dänemark bringen wir die sonderbare Gewohnheit mit, Fisch süß zu verspeisen. Zehn Tuben Maronencreme aus Florenz sollen uns das Toskanagefühl über den Winter retten. Wenn wir in Thailand waren, verirren wir uns daheim in bislang unbekannte düstere Viertel, wo es die einzigen Asialäden mit den erforderlichen Zutaten gibt. Nach dem Lakritzeis aus Finnland brauchen wir gar nicht erst zu suchen. Wir backen am laufenden Meter Rüblitorten oder kochen Kaffee auf marokkanische Art.

All das hilft zur Reanimation des Urlaubs, jedenfalls eine Zeit lang. Anfangs wecken diese Genüsse dank ihrer sinnlichen Kraft das Feriengefühl. Doch allmählich versiegt diese Wirkung. Vielleicht fehlt der Balkon, unter dem das südliche Meer rauscht.

Nun bleiben uns nur untilgbare Mengen verdächtig bunter Gewürze, exotische Rezeptbücher und Kichererbsen. Anderen Ankern unserer Erinnerung geht es ähnlich. Eine Weile zeigen wir stolz den Sari-Stoff herum, den wir günstig in Indien erworben haben. Dann verschwindet er im Schrank. Weil wir zu lange in den Alpen waren, sind wir dort der Idee verfallen, auch zu Hause würden wir bestimmt gern Dirndl und Lederhosen tragen.

Gleich nach der Rückkehr haben wir uns damit vor dem Spiegel gedreht und das totale Gipfelgefühl genossen. Nach dem schallenden Gelächter des ersten Besuchers ziehen wir die teure Tracht nur noch bei Dunkelheit und geschlossenen Vorhängen an. Wir beeindrucken unsere Besucher durch mitgebrachte Redewendungen wie *»mange tak«* oder *»de nada«*, bis uns ihr gequältes Lächeln auffällt.

Die Gewohnheit, jeden Morgen schwimmen zu gehen wie auf den Kanaren, halten wir im heimischen Nieselregen auch nicht lange aufrecht. Mit der einheimischen Familie, die wir da unten kennen gelernt haben, tauschen wir einen Brief und zwei Fotos. Das war's.

Vielleicht hatte Gertrud Recht? Vielleicht lässt sich das Urlaubsgefühl tatsächlich am besten mit Seife in den Alltag retten? Wenn Sie interessiert sind – ich habe 76 Stück, gebraucht, altersbedingt rissig, sonst gut erhalten.

Wir wandern aus

Hier müsste man leben! Auf einer dieser kleinen Schären vor der finnischen Küste, am besten gleich in diesem schmucken Holzhäuschen. Das Boot läge gut vertäut in der kleinen Bucht. Oder hier, auf der Schweizer Alm, in dieser anheimelnden Hütte. Jeden Morgen das Bergpanorama genießen, den Kaffee mit Schlagobers auf der Holzbank schlürfen, dem Glucksen des Bergbaches lauschen und dem Läuten der Kuhglocken.

Vielleicht erkundigen wir uns gleich im Dorf, was so eine Almhütte kostet. Samt Feuerholzstapel. Denn im Winter müssten wir vermutlich heizen. Oder wäre es günstiger, sich weiter südlich anzusiedeln, womöglich in dem spanischen Leuchtturm, von dem die Einheimischen versichern, er sei stillgelegt? Wir könnten oben Tapas essen, aufs Meer sehen und nachts Scherze mit der Taschenlampe machen. Wie teuer wäre das gute Stück?

Beinahe in jedem Urlaub finden wir Orte, an denen wir gern bleiben würden. Ja, wir könnten uns vorstellen, hier zu leben. In dieser alten Stadt. Oder in dem schläfrigen Dorf am Berghang, in dem die Zeit so herrlich langsam verrinnt. Oder in dem einsamen Haus am Kliff. Da wären wir glücklich. Da hätten wir Weite, Freiheit, Leichtigkeit. Wir müssten vorher zu Hause einiges regeln, klar. Aber dann los und frei sein.

Im Aushang des Maklers studieren wir schon mal die Angebote. Gar nicht mal so teuer, auf Kreta dieser verfallene Bauernhof. Wir müssten ihn bloß mit ein paar Handgriffen bewohnbar machen. Dann nur noch die Staffelei aufbauen. Oder die alte Wassermühle, die wir im Urlaub im südlichen Böhmen entdecken. Noch ist sie günstig zu haben! Sollen wir zugreifen? Klappernde Mühle am rauschenden Bach! Da würden wir in aller Ruhe Gedichte verfassen. In Burgund könnten wir ein Hausboot kaufen. Auch schön. Die Wäsche flattert lustig im Wind, wir sitzen mit Freunden an Deck und trinken Wein. In Palma finden wir eine malerische stille Gasse nicht fern vom Dom. Wir machen ein Foto und notieren. In Venedig würden wir den Stadtteil Castello bevorzugen, und dort eine Wohnung ab dritten Stock aufwärts. Alle Leute wären freundlich.

Vor ein paar Jahren haben wir uns über Florida-Rolf aufgeregt. Inzwischen interessiert uns, wie er das gedeichselt hat, dass die Überweisungen vom deutschen Staat immer pünktlich kamen. Wir wären ja schon mit dem kleinen Weinberg im Burgenland zufrieden samt gemütlichem Häuschen. Oder mit dem romantischen überwucherten Bahnhof, den wir an der stillgelegten Strecke im Vinschgau entdecken. Auch die Altstadt von Wien oder Prag wäre ein würdiger Rahmen. Wir würden das große Werk schreiben, auf das die ganze Welt schon so lange wartet. Zwischendurch würden wir flanieren, in den Cafés sitzen und Notizen machen. Warum hocken wir eigentlich immer noch in unserer alten Wohnung? Vielleicht weil die Auswahl zu groß ist? In jedem Urlaubsland entdecken wir die ideale Lage. Das Haus, in das wir sofort einziehen würden. Noch während wir davorstehen, machen wir Entwürfe: Gästezimmer, Arbeitszimmer, Möbel, so würden wir den Garten umgestalten, da drüben stände der Teetisch, oben wäre das Atelier. Und der Sommer würde niemals enden. Wir müssten nur die Sprache dieses begnadeten Landes ein wenig flüssiger sprechen.

Doch bereits die Anmeldung für den Volkshochschulkurs kommt uns zu Hause mühsam vor. Zurück in unseren gewohnten Tätigkeiten, erscheint uns das schwedische Holzhäuschen seltsam fern. Würden wir tatsächlich jeden Tag auf den See fahren und angeln? Auf der Almhütte hätten wir kein DSL. Im sardischen Schäferhäuschen nicht mal ein Klo. Das Hausboot bräuchte einen Generator, mit Diesel betrieben, stinkend und laut. In der klappernden Mühle gäbe es vermutlich Ratten, wenn auch nicht so viele wie in Venedig. Kommen die Erfahrungen von Freunden dazu. Elke und Robert bohren in der Provence einen Brunnen nach dem anderen und haben doch nie genug Wasser. Matthias und Birgit wurden in der Toskana nie von den Einheimischen akzeptiert; sie sind auf andere Deutsche angewiesen. Georg und Karen kehrten nach einem Jahr erschöpft und gealtert aus dem irischen Regen zurück; was sie autark gewebt oder angebaut hatten, war alles verfault. Bettina musste einen Griechen heiraten, um auf der Insel akzeptiert zu werden. Britt und Tobias kommen in ihrem spanischen Dorf erst besser zurecht, seit sie deutsches Fernsehen empfangen und schon ab mittags Wein trinken.

Handwerker halten Zusagen nicht ein, Nachbarn bleiben misstrauisch, und die Bürokratie herrscht mit einer Willkür, die jedes hiesige Amt als Vergnügen erscheinen lässt. Erholung bedeutet für diese Freunde, dass sie nach Deutschland kommen, um zum Arzt zu gehen und einzukaufen. Und obwohl sie Windmühlen und Ständerhäuser eigenhändig umgebaut haben, fragen sie uns, ob wir nicht eine günstige Wohnung in unserer Stadt wissen. Ja, wissen wir. Aber wir ziehen nicht aus.